तेरे नाम के मोती

(आध्यात्मिक हाइकु)

हरि ॐ तत्सत

डॉ. सत्यदेव तिवारी

Revised Edition 2026

Express publishing through

Notion Press

निवेदन

इस पुस्तक, 'तेरे नाम के मोती' में ईश्वर की महिमा, अध्यात्म, श्रीमद्भगवतगीता का सार और जीवन के महत्वपूर्ण सिद्धांतों के वर्णन जैसे गंभीर विषयों को मात्र 17 वर्णों के 'हाइकु' छंदों में प्रस्तुत किया गया है। हाइकु अपनी सूक्ष्मता, संक्षिप्तता और गहरे भाव के लिए जाना जाता है। दार्शनिक और आध्यात्मिक बातों को इतने कम अक्षरों में बांधना एक कठिन कार्य है, जिसे निभाने का मैंने सहृदय प्रयास किया है। संक्षिप्त होने के बाद भी ये छंद स्वतंत्र व संपूर्ण भाव प्रकट करते हैं। इस पुस्तक की रचनाएँ केवल कविता नहीं, अपितु दर्शन और आध्यात्मिकता का सूक्ष्म रूप हैं। आज के भागदौड़ भरे जीवन में, जहाँ लोगों के पास समय का अभाव है, अतः अध्ययन हेतु सुचारु समय व ध्यान नहीं जुटा पाते। अध्यात्म के द्वारा आत्मा के ब्रह्म स्वरुप का ज्ञान प्राप्त होता है, तथा ईश्वर से जुड़ने के मार्ग का पता चलता है। मुझे उम्मीद है, ये 17 अक्षरों वाली नन्हीं मोती जैसी मूल्यवान रचनाएँ पाठक को अध्यात्म व गीता के सार से जोड़ने का एक सेतु बनेंगी, साथ ही ईश्वर के प्रति ध्यान व लगाव उत्सर्जित करेगी।

जैसा कि आप जानते हैं जीवन व दैविक विषयों पर लिखे हाइकु को अंग्रेजी में सेनर्यू कहते हैं, किन्तु हिंदी में ये हाइकु के ही नाम से प्रचलित हैं। वैसे हाइकु और सेनर्यू में, विषय के अतिरिक्त और कोई अंतर नहीं होता। मैंने अनुभव किया कि अपनी बात कहने के लिए बहुत अधिक शब्दों की आवश्यकता नहीं है, अपितु सही समझ और सारगर्भिता की आवश्यकता है। हाइकु में लेखक केवल एक संकेत या दिशा देता है, और प्रबुद्ध पाठक अपनी समझ से उसके गहरे अर्थ (गंतव्य) तक पहुँच जाता है। ये सत्रह अक्षरों की कवितायेँ गागर में सागर की भांति हैं, जो अपने उद्देश्य को पूरा करेंगी, मुझे दृढ़ विश्वास है। वैसे 17 का अंक स्वंय में ही एक आध्यात्मिक संख्या है जिसे सफलता और सौभाग्य का प्रतीक माना जाता है |

जिस प्रकार प्रभु की महिमा अपरम्पार है, और बड़े से बड़े ज्ञानी, ऋषि, मुनि, देवता भी थाह नहीं लगा पाए, श्रीमद्भगवत गीता भी एक बहृत ही सारगर्भित रचना है और उसकी सम्पूर्ण व्याख्या बड़े बड़े विद्वान भी नहीं कर पाते। गीता की व्याख्या पर कितनी ही पुस्तकें लिखी जा चुकी हैं, इसके उलट यहाँ उस सार गर्भित रचना को संक्षिप्त व सरल करने का प्रयास है। मैं महान ग्रन्थ श्रीमद्भगवत गीता व आध्यात्मिक विषयों का विद्वान तो नहीं हूँ, किन्तु अपनी अल्पबुद्धि

के द्वारा इस विषय में समाहित तथ्यों व ज्ञान को अधिक सरल व बोधगम्य बनाकर प्रस्तुत करने का प्रयास भर है। इसके द्वारा पाठक गीता के उपदेशों के सारांश व आध्यात्मिक ज्ञान का सरलता से पुनरवलोकन कर सकते हैं।

अध्यात्म, आत्मा व परमात्मा के संबंधों का ज्ञान है, यह जन्म मृत्यु से परे है, तथा जन्म मृत्यु के बीच जीवन है। इस जीवनकाल में ही आध्यात्मिक ज्ञान और योग साधना के द्वारा ब्रह्म की प्राप्ति की जा सकती है। अध्यात्म और साहित्य का संगम, गीता के गूढ़ दर्शन को सरल और संक्षिप्त रूप में प्रस्तुत करना पाठकों के लिए प्रभु के दर्शन का एक सुलभ मार्ग प्रशस्त करेगा। मेरी इस पुस्तक में समाहित ईश्वर की महिमा को स्मरण कराती, नन्हीं नन्हीं मोती जैसी सत्रह अक्षरों में पाठक को प्रभु के दर्शन के साथ आत्म-दर्शन का भी अवसर मिलेगा, ऐसा मुझे विश्वास है।

डॉ. सत्यदेव तिवारी

♦

कम्प्यूटरी मेधा (AI) द्वारा समीक्षा

यह पुस्तक निश्चित रूप से आध्यात्मिक जिज्ञासुओं के लिए 'मोतियों' के समान कीमती और ध्यान (meditation) के लिए सहायक सिद्ध होगी। 'तेरे नाम के मोती' एक बहुत ही सुंदर और सारगर्भित पुस्तक है। हाइकु (17 वर्णों की जापानी छंद शैली) में अध्यात्म और गीता जैसे गहन विषयों को पिरोना वास्तव में एक कठिन, लेकिन प्रशंसनीय प्रयास है। यह विवरण पुस्तक की विशेषताओं को बहुत स्पष्ट रूप से दर्शाता है।

इस पुस्तक, 'तेरे नाम के मोती' में ईश्वर की महिमा, अध्यात्म, श्रीमद्भगवतगीता का सार और जीवन के महत्वपूर्ण सिद्धांतों के वर्णन जैसे गंभीर विषयों को मात्र 17 वर्णों के 'हाइकु' छंदों में प्रस्तुत किया गया है। हाइकु अपनी सूक्ष्मता और संक्षिप्तता के लिए जाना जाता है। दार्शनिक और आध्यात्मिक बातों को इतने कम शब्दों में बांधना एक कठिन कार्य है, जिसे निभाने का कवि ने सार्थक प्रयत्न किया है। संक्षिप्त होने के बाद भी ये छंद संपूर्ण भाव प्रकट करते हैं। इस पुस्तक की रचनाएँ केवल कविता नहीं, अपितु दर्शन और आध्यात्मिकता का सूक्ष्म रूप हैं।

'तेरे नाम के मोती' पुस्तक के बारे में विवरण बताता है कि कैसे हाइकु जैसी संक्षिप्त विधा का उपयोग करके गंभीर दार्शनिक विषयों को सुलभ बनाया जा सकता है।

हाइकु की 17 वर्णों (5-7-5) की सीमा में श्रीमद्भगवद्गीता और अध्यात्म जैसे असीमित विषयों को पिरोना वास्तव में 'गागर में सागर' भरने जैसा है। सही है कि आज के व्यस्त समय में, जहाँ लोग लंबी व्याख्याएँ नहीं पढ़ पाते, वहाँ ये 'मोती' जैसे छंद सीधे हृदय पर प्रभाव डालते हैं और एक आध्यात्मिक सेतु का कार्य करते हैं। कम शब्दों में गूढ़ दार्शनिक भाव लिए यह रचना आज के समय की आवश्यकता है, तथा भागदौड़ भरी जिंदगी में कम समय में आध्यात्मिक खुराक तथा भक्तिपूर्ण सेतु बनकर पाठकों को ईश्वर से जोड़ने का माध्यम है।

'तेरे नाम के मोती' पुस्तक के बारे में आपका विवरण बताता है कि कैसे हाइकु जैसी संक्षिप्त विधा का उपयोग करके गंभीर दार्शनिक विषयों को सुलभ बनाया जा सकता है। हाइकु की 17 वर्णों (5-7-5) की सीमा में श्रीमद्भगवद्गीता और अध्यात्म जैसे असीमित विषयों को पिरोना वास्तव में 'गागर में सागर' भरने जैसा है।

यह सच है कि आज के व्यस्त समय में, जहाँ लोग लंबी व्याख्याएँ नहीं पढ़ पाते, वहाँ ये 'मोती' जैसे छंद सीधे हृदय पर प्रभाव डालते हैं और एक आध्यात्मिक सेतु का कार्य करते हैं।

♦

एक विलक्षण कृति - **'तेरे नाम की मोती'**

निरंतर साधनारत साहित्यकार डॉ सत्यदेव तिवारी की लेखनी से निःस्रित लगभग तीस साहित्य के ग्रंथों द्वारा मां बगीश्वरी का सतत अभ्यर्चन हो रहा है। साहित्येत्तर पृष्ठभूमि से होने के बाद भी तिवारी जी निरंतर साहित्य प्रयणन में संलग्न हैं, यह प्रभु श्रीराम की ही कृपा का प्रसाद है। परीक्षित ग्रंथ 'तेरे नाम के मोती' अध्यात्म व श्रीमद्भागवत गीता का सार है, जो सूक्ष्म सारगर्भित हाइकु छन्दों में वयनित है। इसका प्रत्येक हाइकु छंद श्रीकृष्ण कृपा का प्रत्यक्ष प्रसाद है। जब आप इस ग्रंथ का परायण करेंगे तो एक पुनीत आनंद में भर जाएंगे। यह आनंद आपको स्वार्थ से परमार्थ की शुभ्र यात्रा कराएगा। पार्थ और योगेश्वर आपके नेत्रों के सम्मुख आकर अपनी आभासिक उपस्थित प्रतिति कराएंगे। इस प्रकार का शुभ्र और पवित्र लेखन कोई ईश्वरीय कृपा प्राप्त_पवित्र आत्मा ही कर सकती है। इस पुस्तक की संक्षिप्त, सारगर्भित और सरस रचनायें आपको अध्यात्म का गहन बोध तो कराएंगी ही, साथ ही आत्मदर्शन का अवसर प्रदान करेंगी जो जीवन के लक्ष्य को प्राप्त करने के मार्ग को प्रशस्त करेंगी।

इसे पढ़ते पढ़ते आप 'श्रीकृष्णम वंदे जगतगुरुं'

'ब्रह्मसत्यम जगन्न्मिथ्याम' 'सर्वधर्म परितज्य मामेकं शरणम ब्रज' 'योगक्षेमं वहाम्यहम्' की अनुभूति करेंगे, तो कभी 'करिष्ये वचनम तव' अथवा शरणागत की कोटि का स्पर्श करेंगे। सारतः यह कहा जा सकता है यह ग्रंथ आपको प्रभु-प्रेम में निमग्न करेगा, यह मेरा विश्वास है। इसका साहित्य और अध्यात्म जगत में खूब स्वागत हो ऐसी कृष्ण चरणों में हमारी प्रार्थना है।

जय श्री कृष्ण।

डॉ. प्रणव शास्त्री, डी. लिट.
अध्यक्ष, हिंदी विभाग,
उपाधि महाविद्यालय पीलीभीत

♦

विषय वस्तु

डॉ. सत्यदेव तिवारी

खण्ड १ - ईश्वर

उसके सिवा
पार करे जो बेडा
कौन है मेरा

♦

रहता मौन
पर वो सुन लेता
ऊपर बैठा

♦

उसका घर
मेरे से बड़ा पर
रहता यहीं

♦

बंद हों चाहे
मुझे देखती होतीं
आँखें उसकी

♦

साथ चलता
कदम पर हर
वही है बस

♦

ढूंढा उसको
मोह माया धन में
बैठा मन में

♦

मुझे क्या चिंता
वो खुद ही करेगा
मेरी भी चिंता

♦

कौन है और
रोज ले आये दिवा
उसके सिवा

♦

देने वाले ने
दिया है भर भर
शुक्रिया कर

♦

जहाँ से आये
फिर वहीं है जाना
भूल न जाना

♦

होता न वश
कैसे बनाया होगा
प्रभु ने मन

♦

कौन है और
जिसे कहें अपना
हरि के सिवा

♦

नाचती पृथ्वी
उंगली पे उसकी
संग में सभी

♦

करना दया
दयावान ना प्रभु
तुझसे बड़ा

♦

थाम लेना तू
गिरने से पहले
हे प्रभु मेरे

♦

उसका ध्यान
मुझको है करना
उसको मेरी

♦

मांगेगा वह
जिसके लिए भेजा
कर्मों का लेखा

♦

हे भगवान
रखना मेरी लाज
तुम्हारे हाथ

♦

होगा दर्शन
वो यहीं आस पास
मुझे विश्वास

♦

जो कुछ पाया
सांस भोजन पानी
उसी की माया

♦

हम बालक
प्रभु! तू है पालक
रक्षा करना

♦

जीने के लिए
हरि का नाम मिला
फिर क्या गिला

♦

हो गयी शाम
अब तो पड़ गया
तुझसे काम

♦

हरि का नाम
सदा ही सुखदायी
भज ले भाई

♦

उसका नाम
पी जाओ कितना भी
घटेगा नहीं

♦

जिसके मन
हरि नाम समाया
डसे न माया

♦

तेरे ही हाथ
जीवन की ये नाव
लगाना पार

♦

उसका हाथ
ऊपर हो जिसके
नहीं अनाथ

♦

जानता है वो
मेरी इच्छाएं हैं क्या
मांगूं फिर क्या

♦

पाने पश्चात्
हो जाता बेड़ा पार
प्रभु का प्यार

♦

जैसी करनी
आज नहीं तो कल
मिलेगा फल

♦

देता है सुख
करे उसकी ओर
मनुष्य रुख

♦

उसे ही पता
वो क्या करने वाला
अगले पल

♦

करे जो कोई
आये न अवसाद
प्रभु को याद

♦

नहीं चलेगी
चाहे जोर लगा ले
उसके आगे

♦

उसने भरे
मही तुम्हारे लिए
सोच से परे

♦

दिया उसने
प्यार की गहराई
थाह न पाई

♦

उसका नाम
रखना पास सदा
बनाता काम

♦

विपत्ति काल
छोड़ जाते हैं सब
होता वो साथ

♦

लेकर जाता
सीधे प्रभु के द्‌वार
भक्ति का मार्ग

♦

करके पाप
नहीं छुप पाओगे
ढूंढेगा आप

♦

बड़ी कृपा की
यह जग सुन्दर
तूने देकर

♦

देखता है वो
हर पल मुझको
रह अदृश्य

♦

वही मिलेगा
चाहे जोर लगा ले
जो वह देगा

♦

देगा वो इत्ता
कोई सोच ना पाये
देने पे आये

♦

उसका जग
दिया किराये पर
चुकता कर

♦

भक्तों के लिए
प्रभु है उपलब्ध
किसी भी वक्त

♦

पूरी सृष्टि में
कहीं कुछ नहीं था
तब भी वो था

♦

नहीं हिलता
यदि वो नहीं चाहे
एक भी पत्ता

♦

कुछ भी करो
सम्हालने अंततः
उसे ही आना

♦

तुम्हारे लिए
दुनिया ही दे डाला
ऊपरवाला

♦

उसके घर
हो जाये चाहे देर
नहीं अंधेर

♦

पत्ता हिलाया
मन में आँधियों का
डर समाया

♦

साथ में मेरे
जब कोई न होता
तू ही तू होता

♦

मैं नाम दूँ क्या
तेरे मेरे बीच जो
सम्बन्ध बना

♦

उसका नाम
ले मीरा ने पी डाला
विष का प्याला

♦

मैं हूँ तुझमें
और तू है मुझमें
अटूट प्रेम

♦

कैसी विचित्र
रच डाली उसने
बैठे ही सृष्टि

♦

वह तो है ही
करेगा मेरी चिंता
मुझे क्या चिंता

◆

आँखें तो दिया
देख लेते दुनिया
तू ना दिखता

◆

जग में एक
सबका रखवाला
ऊपर वाला

◆

ढूंढा तुझको
मंदिरों में भटक
तू मेरे घट

◆

करो कुछ भी
जो ईश्वर की मर्जी
होना है वही

◆

घटा दें यदि
मुझमें से तुझको
बचेगा शून्य

◆

प्रभु को पाना
तू मन के भीतर
गोता लगाना

◆

तेरी आवाज
सुनते हम स्पष्ट
शांति हो जब

◆

दृष्टि व ज्योति
दिखाते जो दुनिया
उसी का दिया

◆

हर जीव का
होता एक ही धर्म
प्रभु से प्रेम

◆

मनुष्य के क्या
लिख दिया उसने
भाग्य में वदा

◆

खोलनी होती
देखना जो उसको
आँखें मन की

◆

उसका द्‌वार
रहता खुला सदा
कोई आ जाय

◆

जो कुछ खोया
बदल कर रूप
फिर से पाया

◆

तुम हो प्रभु
प्यार का महा सिंधु
मैं एक बून्द

◆

तुझमें मन
हो तो नहीं लगता
अकेलापन

◆

अकेला कहाँ
तू तो साथ ही होता
जहाँ मैं होता

◆

यदि वो चाहे
शिला पर खिला दे
सुन्दर फूल

◆

मुझे क्या चिंता
मुझ पर झरता
उसका प्यार

◆

उसकी बात
सुनने को चाहिए
शांत दिमाग

◆

भगाने हेतु
कर उसे स्मरण
मन का तम

♦

कोई न जाने
खिलाये वो क्या गुल
अगले पल

♦

देना ना प्रभु
अहं क्रोध की ज्वाला
मुझे जलाये

♦

वही है बस
हर कदम पर
साथ चलता

♦

उसके सिवा
पार करे जो बेडा
कौन है मेरा

♦

कितना भी पी
उसका नाम कभी
होगा न कम

♦

कितना बड़ा
देता भोजन पानी
प्रभु तू दानी

♦

साथ में होता
कोई नहीं जिसका
प्रभु तू सदा

♦

वही दिखाता
मुझ जैसे अंधे को
जाने का रास्ता

♦

डोलूं बाजार
तू ना खरीददार
जान कर भी

♦

प्रभु से प्यार
किसी का होने पर
बेड़ा है पार

♦

परीक्षा लेता
पास होने की शक्ति
प्रभु ही देता

♦

अँधेरे में भी
सही राह दिखाना
हे मेरे प्रभु

♦

सागर तट
खड़े राही का घट
प्यास से सूखा

♦

ना हो उदास
प्रभु को करो याद
क्षति हो जाय

♦

एक ही मिट्टी
गन्ने का स्वाद मीठा
मिरची तीखी

♦

देगा वो वही
जो उसे लगे सही
तुम्हारे योग्य

♦

जो कुछ मिला
अनुग्रह से तेरी
आभार हरि

♦

जाओगे तुम
किये कर्म लेकर
उसके घर

♦

शीश नवाये
सब कुछ मिलता
प्रभु के आगे

♦

लेते नाम भी
हम कितने स्वार्थी
मांगने को ही

♦

उसी प्रकार
जैसे कि प्राण वायु
ईश अदृश्य

♦

मांगना ही हो
और किसी से क्यों
प्रभु से मांगो

♦

कौन जलाता
प्रभु नहीं सड़ाता
जीवों के शव

♦

नन्हां सा गोदा
उससे उग जाता
विशाल वट

♦

प्रभु ने दिया
अमूल्य उपहार
मेरी जिंदगी

♦

प्रभु को आता
देने में ही आनंद
सबका दाता

♦

करता वह
जग में सब कुछ
तुम्हें क्यों गर्व

♦

करने लगूं
दे तू इतना प्यार
तुझसे प्यार

♦

देखती होतीं
कैसा भी बड़ा चोर
आँखें उसकी

♦

उसकी लाठी
कैसा भी बड़ा दुष्ट
मार गिराती

◆

अवश्य देगा
वह वक्त पे फल
भरोसा रख

◆

ठान लो काम
ईश्वर का ले नाम
शुरू हो जाओ

◆

बनाना प्रभु
अधिक देने योग्य
लेने के नहीं

◆

हो के रहेगा
चाहे कुछ भी करो
जो वो चाहेगा

◆

स्मरण मात्र
प्रभु का बना देता
व्यक्ति सुपात्र

◆

प्रार्थना मेरी -
मिलती रहे प्रभु
आशीष तेरी

◆

मन मस्तिष्क
लगाया जो प्रभु में
सुखी वो व्यक्ति

◆

दिखता ना तू
दिखा देता नर को
सब ही कुछ

◆

बैठा है वह
जब मेरे ऊपर
मुझे क्या डर

◆

देगा ही वह
दिया है जिंदगानी
दाना व पानी

◆

पाया है मैंने
सब कुछ उसी से
छोड़ा उसी पे

◆

उसी के हाथ
जीवन व मरण
रहे स्मरण

◆

दिए हो तुम
जग में सब कुछ
प्रभु शुक्रिया

◆

रखना खोले
जाने कब भर दे
तेरी वो झोली

◆

इतना कुछ
प्रभु तुमने दिया
मैं तुझे क्या दूँ

◆

दिया है पेट
वो करेगा प्रबंध
भरने हेतु

◆

रखे हूँ आस
मन में है विस्वास
मिलेगा वह

◆

सांसे भी दिया
उसने गिनकर
जी लो जी भर

◆

दिए हैं नाते
जियें हम जीवन
गुनगुना के

◆

ढूंढा जग में
बैठा पाया उसको
मेरे मन में

◆

गर्व ना करो
तुमने है जो पाया
उसी की माया

◆

प्रत्येक दिन
लेकर वह आता
नई किरण

◆

छोटा सा काम
करना है उसका
उसको याद

◆

देगा तुम्हें वो
छोड़ना न संकल्प
अन्य विकल्प

◆

मैंने जो चाहा
लगा वो नहीं दिया
सोचना मिथ्या

◆

करेगी पूरा
तुम्हारी हर इच्छा
उसकी पूजा

◆

पी लो जी भर
मिट जायेंगे गम
प्रभु का नाम

◆

वो जो करेगा
कुछ न कुछ छुपा
अच्छा ही होगा

◆

हरेक दिन
कुछ नया ले आता
मेरा विधाता

◆

जिसने किया
जीवन है सफल
प्रभु से प्यार

◆

उसे क्या कमी
जिस किसी के धाम
प्रभु का नाम

◆

पता है उसे
कितना और कब
देना है किसे

◆

कैसा भी वक्त
बदलता ना खुदा
खुद का सत

◆

दिया है भर
मानव में ईश्वर
बुद्धि व मन

◆

देखा अँधेरा
जब भी मन मेरा
जगा लिया लौ

◆

की ना उसकी
उसे क्या कितने बड़े
तुम हो पड़े

◆

मिला बहुत
रह पायेगा साथ
उसे जो सौंपा

◆

सुन्दर काया
मनुष्य की बनाया
प्रभु की माया

◆

जी सकें हम
ताकि सिर उठा के
ऊपर है वो

◆

मन में छुपा
वह नहीं मिलेगा
मंदिर में जा

◆

बनाया वह
सबको बराबर
हमने भेद

◆

उसका दिया
मूर्खता भी सौगात
हंसने हेतु

◆

उसी के हाथ
डरो ना बिना बात
जीवन मृत्यु

◆

भविष्य में क्या
तुम्हें चाहे ना पता
वह जानता

◆

बिगड़े काम
बनाते प्रभु राम
भज लो नाम

◆

पावन मन
कर देता निश्चित
हरि भजन

◆

बैठा है वह
जब मेरे ऊपर
मुझे क्या डर

◆

उसका प्यार
मुझको मिल जाए
जग ना तो क्या

◆

एक सा प्यार
बरसाता है वह
पूरे संसार

◆

काँप उठती
वो छींक भर लेता
पूरी धरती

♦

मुश्किल भरी
कितनी थी जिंदगी
निभा दिया तू

♦

पूजा ना पाठ
रटना ही बहुत
प्रभु का नाम

♦

जाना है फिर
पटका पृथ्वी पर
उसी के घर

♦

पाया जिसने
नाम रतन धन
सुखी जीवन

♦

जीवन दिया
बताएगा भी वही
जीने की राह

♦

पाया जो माया
भोग में ही गंवाया
सारा जीवन

♦

कोई भी भाषा
समझ लेगा वह
तुम्हारा बोला

♦

जान न पाया
माया के पीछे भागा
क्या है गंवाया

♦

बना के वह
फूंका भीतर प्राण
मिटटी की मूर्ति

♦

मिट्टी की काया
मनुष्य की इतना
गर्व समाया

♦

मिलेगी जब
परमात्मा से आत्मा
कष्ट का खात्मा

♦

देना हे प्रभु
शक्ति कि कह सकूँ
सच को सच

♦

दिखता जब
अँधेरा ही अँधेरा
वो होता मेरा

♦

अपने मित्र
मनुष्य चुन लेता
नाते वो देता

♦

चलना होगा
उसी की राह पर
पाने को उसे

♦

चलेगा तेरा
उतना ही खिलौना
भरा वो चाभी

♦

धन दौलत
उसी की बदौलत
तुम्हारे पास

♦

पढ़ लेता वो
मन में सब कुछ
उसी ने लिखा

♦

नियत जैसी
हरि से मनुष्य की
चाहत वैसी

♦

चिल्ला लो चाहे
जब सोचेगा सही
सुनेगा तभी

♦

जिस लायक
मुझे समझा वह
दे दिया सब

♦

जानता तो है
मुंह क्यों खुलवाता
दे दे विधाता

♦

सोचा है कभी
उसने दिया जो भी
नहीं देता तो !

♦

तूने जो ढाहा
सह लिया सितम
तेरे ही दम

♦

होती है बसी
परमात्मा की आत्मा
प्रकृति में ही

♦

देखता वह
अदृश्य रहकर
हमारे कृत्य

♦

संग ना होते
पतझड़ में पत्ते
पेड़ निश्चिंत

♦

उसका प्यार
मुझको मिल जाए
जग ना तो क्या

♦

बनाया फूल
भरने को सुगंध
हमारे मन

♦

आनंद भरा
अच्छे कर्म करके
अंतिम यात्रा

◆

अंतिम यात्रा
पहले पहुंचेगा
कर्मों का बक्सा

◆

रहने योग्य
दिखाओ बनकर
उसके घर

◆

उसने बांटे
फूलों के संग कांटे
हो सके रक्षा

◆

ध्यान रखना
छुपाया है उसने
मजा में सजा

◆

समस्या देना
लड़ने की हे प्रभु
शक्ति भी देना

◆

तू यहीं कहीं
हमें नहीं दिखता
छुप के बैठा

◆

प्रकृति मूर्ति
धरती है मंदिर
हरि दर्शन

◆

उसने दिया
पृथ्वी पर भी स्वर्ग
प्रकृति मध्य

◆

हम खो जाते
पर वो मिल जाता
प्रकृति मध्य

◆

सबसे बड़ा
प्रकृति में ही बैठा
हमारा गुरु

◆

करता पूरी
सभी जीवों की वही
आवश्यकता

◆

बीमार मन
प्रकृति का दर्शन
उत्तम दवा

◆

वही है देता
पथ पर तुम्हारे
पेड़ की छाँव

◆

नन्हीं बेशक
चींटी को भी दिया वो
जीने का हक

◆

आनंद भरे
नदी झील जंगल
उसी ने गढ़े

◆

जैसी नियत
मांगता वो प्रभु से
वैसी मन्नत

◆

हो जाता देख
तेरी बनाई छवि
मन ये कवि

◆

इतनी चीजें
नाम तक न पता
धरा पे धरा

◆

मिट्टी का बुत
पाके आत्मा की शक्ति
हो गया व्यक्ति

◆

कितनी बड़ी
होती बाग की शोभा
नन्हीं तितली

♦

घास को पानी
हम तो नहीं देते
किन्तु रवानी

♦

मैंने जो चाहा
वह उसे सराहा
और दे दिया

♦

जैसी करनी
हर हाल में तुम्हें
होगी भरनी

♦

बीमारी दिया
तो उसने ही बख्शा
जड़ी बूटियां

♦

अच्छा या बुरा
वो मौसम में हर
आनंद भरा

♦

सुन पाया जो
प्रकृति की शांति को
पाया उसको

♦

बैठा ऊपर
सुन लेता है पर
मन की बात

♦

जंगल घूमा
आदमी बनकर
वापस लौटा

♦

हमारा साथ
तेरी मेरी जिंदगी
उसी के हाथ

♦

उसी की इच्छा
नहीं तो ना हिलता
एक भी पत्ता

♦

बिगड़े काम
बनाने को पर्याप्त
उसका नाम

♦

उसका नाम
पी चुका हूँ इतना
नशे में प्राण

♦

प्रभु भुलाता
हमारी गलतियां
हम उसको

♦

पूजा स्तुति की
पद्धति है अनेक
ईश्वर एक

♦

प्रभु ले हर
क्रोध लोभ गरूर
मन के सब

♦

हम बालक
प्रभु तू ही पालक
रखना ध्यान

♦

सिवा तुम्हारे
कोई नहीं अपना
पार लगा रे

♦

याचक बन
तेरे द्वार पे हम
देना सत्कर्म

♦

मैं हूँ अज्ञानी
किया जो बचकानी
क्षमा करना

♦

रखना तुम
वासनाओं से दूर
मन को स्वच्छ

♦

कितना बड़ा
देता भोजन पानी
प्रभु तू दानी

♦

सबसे पूछा
बताये जो न मिला
उसका पता

♦

धूप दसांग
जलाकर बुलाया
वो नहीं आया

♦

उसके सिवा
कौन है दे सकता
एक भी सांस

♦

मन की बात
जब भी करो याद
वो सुन लेता

♦

मन से उसे
करते जो स्मरण
लेता शरण

♦

कहीं जड़ दो
मंदिर या मस्जिद
शिला की भक्ति

♦

मैंने तो माँगा
चरणों में जगह
दे दी दुनिया

♦

उसे जो आती
धरती काँप जाती
जरा सी छींक

♦

जानता बस
कल क्या होने वाला
ऊपर वाला

◆

बखान तक
करना असंभव
प्रभु की कला

◆

मुझे क्या फर्क
पानी पड़े या बर्फ
रक्षा को वह

◆

उसे ही पता
रखे है एक बीज
कितने वृक्ष

◆

प्रकृति हमें
अमूल्य उपहार
प्रभु का प्यार

◆

डाल न पाया
यत्न किया इंसान
जीव में जान

◆

रमा लो मन
प्रकृति में ही होगा
प्रभु दर्शन

◆

पूरी ही उम्र
उलझाए थे जान
माया व मान

◆

किया है प्यार
प्रकृति से जिसने
प्रभु से प्यार

◆

पंख फैलाये
कैसे उड़ता पंछी
कोई बताये

◆

होता जिसका
होता प्रभु का वास
स्वच्छ हृदय

♦

जिसके सर
रहे उसका हाथ
जिंदगी माथ

♦

जीना मरना
सुख दुःख सहना
उसके हाथ

♦

जान लो स्पष्ट
उसका नहीं साथ
होना है कष्ट

♦

वह तो रहा
निराकार मन में
मैं ढूंढा रूप

♦

तुम्हारा सब
होवो तुम सबके
मिलेगा रब

♦

प्रभु बसता
पावन ही रखना
सोच को सदा

♦

वश में ना जो
प्रभु पर छोड़ दो
कर देगा वो

♦

लगता है जो
मुझे भी वही अच्छा
प्रभु को अच्छा

♦

नहीं अगर
चरित्र की दीवार
घुसता पाप

♦

सारी जिंदगी
देते रहे परीक्षा
प्रभु की इच्छा

♦

बून्द में वही
सागर में भी वही
ढूंढ लो कहीं

♦

सूक्ष्म से सूक्ष्म
वृहत से वृहत
प्रभु का रूप

♦

होता है मन
जलाकर रौशन
भाव की ज्योति

♦

उसके लिए
कोई बड़ा न छोटा
सबका पिता

♦

भजन बिन
उम्र न जाये बीत
रखना चित्त

♦

मन लगाया
प्रभु में सब पाया
छोड़ के माया

♦

मन को जीत
लगाकर मानव
प्रभु से प्रीत

♦

सुख का डेरा
जिसके मन होता
प्रभु बसेरा

♦

तेरा न मेरा
सब कुछ उसी का
माया का फेरा

♦

पायेगा प्राणी
कर प्रभु से प्रेम
परमानन्द

नन्हीं सी जान
पृथ्वी को छेद देती
चींटी महान

रात दी काली
दिन दिया उजला
प्रभु की कला

जो भी पुकारे
तू उसको उबारे
पार लगा दे

कोई भी कष्ट
आता जो तेरे द्वार
होता उद्धार

तू है पालक
हम तेरे बालक
ले ले शरण

जिसका चाहे
तू भाग्य संवार दे
पार लगा दे

मेरी विनती
भर झोली सबकी
तू है सबका

आता जो द्वार
कर देता वो पूरा
मन की चाह

जग, ईश्वर!
तुझसे उजियारा
होता है सारा

सभी संकट
प्रभु पल में हारे
पार लगा रे

♦

देह है माटी
बुद्धि और इन्द्रियां
हरि का अंश

♦

एक ही मन्त्र
दूर हों कई कष्ट
राम का नाम

♦

नहीं हिलता
प्रभु के चाहे बिना
एक भी पत्ता

♦

प्रेम से बोले
वो कृपा बरसाता
जय श्रीराम

♦

हवा का चाहे
बना दे बवंडर
चाहे अंधड़

♦

तू ही सहारा
कर जग से सारा
पापों का नाश

♦

जीत व हार
प्यार या तिरस्कार
उसी के हाथ

♦

देता है भगा
जग का तम सारा
दीया उसका

♦

देख के दंग
हो जाता मैं इतने
फूलों के रंग

♦

प्रभु ने किया -
जिसको पैदा किया
मौत भी तय

हरि को भजे
उसका वह होई
और न कोई

सुबह शाम
और चीजें तमाम
बनाया वही

भूख दिया तो
वह खाने को दिया
फल व अन्न

प्यास दिया तो
बुझाने की खातिर
दिया वो नीर

ऋतु बनाया
सबके अनुकूल
प्रभु तू खूब

दुःख भी दिया
प्रभु ने कि समझो
सुख का अर्थ

सुखाने आया
वो आंसुओं को मेरे
जब भी रोया

मंदिर में तू
खड़ा था मूर्ति बना
मैं भक्त तेरा

भक्ति का मार्ग
लेकर चला जाता
हरि के द्वार

नहीं भी देता
जितना कुछ दिया
क्या कर लेता

विभिन्न क्रिया
करने को वो दिया
अनेक अंग

तू है पालक
हम तेरे बालक
गोद रखना

अँधेरे में भी
नहीं रहता छुपा
प्रभु से कुछ

उसके सिवा
सृष्टि का ओर छोर
जाना न और

दिया वो ताकि
बझा रहे हरेक
मन व पेट

कठिन पर
उसे पाने का मार्ग
तप व त्याग

शून्य में टंगी
पड़ी यह धरती
तेरी ही शक्ति

तेरा ही दिया
फैलाता दिनकर
सृष्टि में रश्मि

मेघ गरज
बरसता भू पर
तेरी ही बूंदें

तुझसे पा के
अकड़ता मानव
धन व बल

♦

मिलो प्रेम से
जाने क्या रूप धरे
कर्तार मिले

♦

नन्हां सा बीज
होता विशाल वृक्ष
तेरा ही जादू

♦

कीड़े मकोड़े
सुंदरता भरने
पृथ्वी पे छोड़े

♦

ऊपर खड़ा
निकला वृक्ष बड़ा
भूमि ज्यों की त्यों

♦

जी चाहे कभी
देखते रह जायं
नन्हीं सी चींटी

♦

बनाया चित्र
चलते फिरते तू
जीव विचित्र

♦

वृक्ष चढ़ती
दौड़ के गिलहरी
मन मोह ली

♦

तेरा ही भेजा
दे देता बड़ी पीड़ा
नन्हां सा कीड़ा

♦

गीत सुनाओ
रंग बिरंगे पंछी
पास आ जाओ

♦

तितली फूल
मनभावन तेरी
नदी का कूल

◆

घुमाता नीर
अम्बुद से धरनी
तेरी करनी

◆

सबसे सुखी
पाया प्रभु की माया
निरोग काया

◆

प्रभु ने रखा
पहुंचे बात मेरी
रिक्त आकाश

◆

प्रभु का ध्यान
रहे वश में मन
होता सरल

◆

होता तो होता
स्वच्छ मानव मन
हरि का वास

◆

न कि आग्रह
ईश्वर में विस्वास
दिलाता सब

◆

मन की इच्छा
बड़ी हो के कराती
भक्ति को छोटी

◆

प्रभु को हम
पहचान न पाते
दिखता नित

◆

धन का नहीं
प्यारे प्रभु तो होता
भाव का भूखा

◆

प्रभु से सब
अपनी कह लेते
सुनता कौन!

♦

करना कष्ट
तेरी शरण रहूं
अहं हो नष्ट

♦

मौन ही चाहे
हमारी वो प्रार्थना
सुन लेता है

♦

डर ना होता
कौन फिर डरता
पाप कर्म से

♦

बनाया वह
एक फुट का वृत्त
अरबों चित्र

♦

अन्तः में होता
यदि रखो विस्वास
प्रभु का वास

♦

घुल जाने दो
उसकी इच्छा में ही
अपनी इच्छा

♦

हरि का नाम
करने को पर्याप्त
पापों को नष्ट

♦

कृपा करना
पहुंचाऊं ना प्रभु
किसी को कष्ट

♦

प्रभु को पाना
मन की पेंदी तक
गोता लगाना

♦

किये जा कर्म
हरि को रख मन
होगा सफल

◆

अनेकों कष्ट
कर देती है भस्म
उसकी स्तुति

◆

देता है वह
कभी बुरा समय
अच्छे के लिए

◆

नई सुबह
तभी देख सकोगे
चाहेगा वह

◆

देने पे आये
प्रभु इतना दे दे
सोच से परे

◆

देने वाला वो
करते पर लोग
स्वयं पे गर्व

◆

सुबह शाम
रटता जो कल्याण
हरि का नाम

◆

लगाता गले
वो, शरण जो आता
पापी ही भले

◆

स्मरण मात्र
प्रभु का है प्रताप
धो देता पाप

◆

लगी लगन
आया छोड़ के माया
तेरी शरण

◆

अति कठिन
चलना सम्हल के
उसके रस्ते

♦

थकता नहीं
दुनिया को चलाता
बैठा वो वहीं

♦

बाग में फूल
देख के खिल जाता
हिय में हरि

♦

पड़े अनेक
उसे चाहने वाले
हमें वो एक

♦

सबकी टकें
लगीं उसकी ओर
मांगने और

♦

मैं क्या मांगता
आने से पूर्व सब
दे दिया वह

♦

माँगा था बस
मैं प्रभु की शरण
दे दिया सब

♦

इतना दे के
वह भी तो चाहता
थोड़ी प्रसंशा

♦

निहाल हुआ
बरसी जिस पर
प्रभु की कृपा

♦

फिर मिलाया
माटी में ही उसने
मिट्टी की काया

♦

देखतीं आँखें
तुझी से ज्योति पा के
तेरा संसार

♦

बना चकोर
ताकूँ नभ की ओर
तू ना दिखता

♦

घट में छुपा
कब तक रहेगा
बाहर भी आ

♦

तूने आकर
मुझ प्यासे को जल
दिया था कल

♦

तूने पठाई
बीमारी में दवाई
ठीक से रहूं

♦

तेरा ही दिया
पास है सब कुछ
मैंने क्या किया

♦

विष बनाया
वह भी काम आया
बन के दवा

♦

बता दे कोई
एक वस्तु का नाम
धरा पे नहीं

♦

माँ के रूप में
दिया वह धरती
हमें पालती

♦

चाहता रब
देने वाला वो सब
हमसे भक्ति

♦

लगन लगी
सब चाहत भगी
प्रभु में जब

◆

फिरता फिरूं
हुआ प्रेम तुझसे
बता क्या करूँ

◆

झोली फैलाये
खड़ा दर पे तेरे
प्रभु भर दे

◆

जान गया मैं
पत्ते खड़खड़ाये
तेरे ही आये

◆

सहारा देने
पांव लड़खड़ाया
तू ही तो आया

◆

और है कौन
सबकी सुन लेता
रह के मौन

◆

लगन लगा
भगवान तो प्यारे
भाव का भूखा

◆

मैं हूँ उसका
मुझे काहे की चिंता
साथ वो मेरे

◆

देता है खोल
जो उसको न्यौछार
मोक्ष का द्वार

◆

उसकी कही
राह पे जो चलता
सुख मिलता

◆

करे जो याद
करता वो कल्याण
पाप को त्याग

◆

हरि भजन
करके मिट जाता
मन का तम

◆

दिया है बुद्धि
रख सके मनुष्य
मन को शुद्ध

◆

मूर्ख को दिया
जैसे अंधे को शीशा
ज्ञान की बात

◆

मिट्टी की काया
जीवन का इंजन
मन बनाया

◆

रचयिता तू
सृष्टि का संचालक
संहारक तू

◆

मिले ज्यों बून्द
सबको मिल जाना
हरि के सिंधु

◆

होती है आत्मा
परमात्मा का अंश
करो न गंदा

◆

हर बून्द में
जैसे जल का अंश
हरि हम में

◆

नाम अनेक
धर्मानुसार रखे
प्रभु है एक

◆

प्रभु से आयी
उसमें ही समायी
आत्मा फिर से

♦

मिला किनारा
मेरी नाव को दिया
तूने सहारा

♦

प्रभु को पाना
लिए पाप का घड़ा
कठिन बड़ा

♦

तेरी सिंधु का
मैं भी हूँ एक बूँद
ऑंखें ना मूंद

♦

हरि का नाम
हर लेता मन के
तम तमाम

♦

जिसने जपा
हरि नाम की माला
पाया उजाला

♦

जो ना पिरोया
हरि नाम का धागा
रहा अभागा

♦

पानी सा होता
हरि ध्यान में होता
तरल मन

♦

मन हो शुद्ध
संग में भाग्य जगे
हरि को भजे

♦

मीरा जो पाई
डूब कर नहायी
कृष्ण का नाम

♦

प्रेम की आस
गोपियाँ हुईं तृप्त
कृष्ण की रास

♦

जग बनाया
बढ़ा पाप तो वही
मिटाने आया

♦

एक ही मन्त्र
सुचारु जीवन का
हरि स्मरण

♦

करता प्रभु
जगत का उद्भव
सब संभव

♦

पानी सा मन
हरि का ध्यान कर
स्वच्छ तरल

♦

हरि के लिए
संभव हर बात
क्षण की बात

♦

मेरे तो तुम्हीं
गलतियां भी करूँ
रूठना नहीं

♦

बढ़ता पाप
करने को वो नाश
आता साक्षात

♦

विशाल बड़ी
कोई न लिख पाया
प्रभु की माया

♦

सुन्दर अति
यदि प्रभु से प्यार
यह संसार

♦

बसता हरि
बना के जो रखता
मन मंदिर

♦

कर देता वो
हवा की गति बढ़ा
तूफान खड़ा

♦

सुख संपत्ति
मिल पाना सन्मति
प्रभु के हाथ

♦

सुबह शाम
लेकर हम जीते
तेरा ही नाम

♦

पक्षी न होते
कौन साफ़ करता
कीड़े मकोड़े

♦

पक्षी के बिना
होता कितना सूना!
नील-गगन

♦

तू है विधाता
तू ही सबका दाता
रखना खैर

♦

तुझे पुकारा
मंदिर गुरुद्वारा
सुन तो लेता!

♦

तेरी जो इच्छा
छोड़ दिया तुझपे
मेरी भी इच्छा

♦

करेगा वही
होगी जो तेरी मर्जी
रोता क्यों फिरूं

♦

नाचता बन
तेरे हाथ का लटटू
काल का चक्र

♦

करेगा पूरी
उम्मीद न छोड़ना
उससे कभी

♦

जग में आया
लाखों से मिल पाया
शुक्रिया प्रभु

♦

खुशी अपार
बरसाता सदैव
हरि से प्यार

♦

खुद से न्यारा
ना करना पालक
तेरे बालक

♦

जितना दिया
कौन कर सकता
प्रभु! शुक्रिया

♦

तुझसे बड़ा
नहीं सृष्टि में खड़ा
दूसरा कोई

♦

दुःख में देख
रहता आँखें मूंदे
प्रभु तू कैसे

♦

देती जग में
कुछ पाने की शक्ति
हरि की भक्ति

♦

गूंगा बधिर
बोल व सुन लेता
हो के भी हरि

♦

जिसकी कहीं
ईश्वर ऐसा वृत्त
परिधि नहीं

♦

हरि ने रखे
पहचानूँ मैं कैसे
असंख्य रूप

♦

हरि स्मरण
मनन व भजन
आत्मा की शुद्धि

♦

ज्यों की अनंत
हरि का श्याम वर्ण
ढका भुवन

♦

छोड़ देता मैं
जो नहीं मेरे वश
करेगा वह

♦

अनेकों काम
मैं करता भी नहीं
पर हो जाता

♦

जब भी होना
ईश्वर के सम्मुख
श्रद्धा रखना

♦

चाहता रब
जिसने दिया सब
तुमसे श्रद्धा

♦

सो के बिताया
बीतने पर उम्र
याद वो आया

♦

नहीं करता
सभी द्वार बंद
वो एक संग

♦

लगी जो प्रीति
मिली जग की निधि
तुझसे प्रभु

♦

तुझमें हूँ मैं
प्रभु मुझमें है तू
फिर क्यों दूर

♦

कैसे दिखता
आँखों की डगर तू
मन में बैठा

♦

तू लिख लेता
मैं जो कुछ करता
ऊपर बैठा

♦

ढूंढ न पाता
तुझको भगवन
चंचल मन

♦

इतना दिया -
मैं दबा रह गया
जिंदगी में तू

♦

भीतर रहा
बीज सा तेरा अंश
उगाया नहीं

♦

मुझसे कभी
तू ही था सच्चा प्रेमी
न्यारा न हुआ

♦

जहाँ तू कहा
इस जग में वहीं
मैं पड़ा रहा

♦

उसने फेंका
कठपुतली बना
खींच भी लेगा

♦

मन की दवा
जब भी हो बीमार
उससे प्यार

◆

करे जो नित
देता नहीं विषाद
उसको याद

◆

पैदा करता
वो पेट भी भरता
खरबों जीव

◆

तोड़ता दम्भ
बहार इतराती
चला के आंधी

◆

किसने दिया
तितलियों को रंग
फूलों को गंध

◆

मैं तुझमें हूँ
और तू मुझमें है
फिर भी ढूंढूं

◆

जोड़े रखता
रचनाएँ उसकी
प्रेम का धागा

◆

प्रभु को कभी
नहीं देख सकता
दम्भ में अँधा

◆

तू समुन्दर
प्रभु आत्मा में हर
तेरी ही बूँद

◆

प्रकृति भरी
सहस्रों विचित्रता
प्रभु की कला

◆

तेरी सिंधु का
मां मैं भी एक बून्द
ऑंखें ना मूंद

◆

जिन्होंने भी की
जीवन में मदद
हरि का रूप

◆

बनाया जग
ईश्वर ने सुन्दर
रातों को जग

◆

क्यों है लड़ता
प्रभु सब में बैठा
जग में जीव

◆

मोम का गुड्डा
बना लिया इंसान
सांस न प्राण

◆

ज्ञान विचित्र
निकालने को बाँटा
कांटे से काँटा

◆

एक फूंक से
उठा देता तूफान
हे भगवान !

◆

होता न कष्ट
जान न पाता जन
उसका सत्व

◆

भरा सागर
जल बरसाकर
मेरा ईश्वर

◆

रंगा ये जग
कहाँ रखता होगा
प्रभु वो ब्रश

◆

उसके सिवा
पार करे जो बेड़ा
कौन है मेरा

♦

प्रभु ले हर
क्रोध लोभ गरूर
मन के सब

♦

मैं मैं की रट
तू छोड़ दे मनुवा
हरि को जप

♦

खण्ड - २ गीता सार

गीता के अंग
क्रमशः पांच-मुख
दस-भुजाएं
उदर, दो-चरण
अध्यायों का स्वरुप

◆

जीव का होता
प्रभु से ही संभव
अंत उद्भव

◆

करने वाले
सृजन व संहार
विधाता आप

◆

अपना लेता
जाओ उसके पास
किसी भी हाल

◆

प्रभु के पास
जाने के लिए राह
प्रेम व भक्ति

◆

सर्व समर्थ
ज्ञान तत्व का अर्थ
हरि सर्वत्र

◆

भाव अभाव
आदि अंत से परे
शाश्वत हरि

◆

धर्म की हानि
जब धरती पर
हरि प्रकट

◆

आत्मा स्वरुप
आदि अंत रहित
हरि का रूप

◆

जन्म से पूर्व
और मृत्यु पश्चात्
आत्मा निदेह

◆

मृत्यु पश्चात्
पुनर्जन्म निश्चित
फिर से मृत्यु

◆

नित्य शाश्वत
अजन्मा अनश्वर
आत्मा अमर

◆

अमिट स्थिर
अकाट्य अदाह्य
आत्मा अकथ्य

◆

हरि का तत्व
जिसने जान लिया
मोक्ष पा लिया

◆

पदार्थ जीव
जो भी इस जग में
हरि की कृति

◆

पिरोये हुए
जीव सब जग के
हरि के सूत्र

◆

सत्व रज व
तम गुणों के भाव
हरि प्रभाव

हर के बुद्धि
लाती आसुरी वृत्ति
त्रिगुणी माया

दृढ़ निश्चय
जो हरि में रखते
उसे जानते

हर प्रकार
हरि को ही जानते
उसे पा जाते

एक अक्षर
परम अनश्वर
ब्रह्मरूप ॐ

परमगति
पापों से निवारण
ॐ उच्चारण

लेता शरण
जिस भाव समरण
अंत में हरि

युग में हर
हरि होता प्रकट
धर्म रक्षार्थ

जो सर्वोपरि
जीव क्रिया वस्तु में
वह है हरि

पूरा ब्रह्माण्ड
और सृष्टि ये सारी
हरि का अंग

हरि को भक्त
जिस रूप चाहता
उसको पाता

♦

सृष्टि में पड़ीं
विचित्रताएं जो भी
हरि की कृति

♦

करने वाला
निर्माण व विनाश
सृष्टि का प्रभु

♦

समय वो ही
समय निरंतर
चलाता वही

♦

सत्व उसी में
तमस रजस भी
वो ना किसी में

♦

सूरज अग्नि
या अन्य कोई तेज
हरि का तेज

♦

कल्प के अंत
सभी भूत हरि में
वो ना किसी में

♦

वो विद्यमान
हर पल व स्थान
करो तो ध्यान

♦

कल्प के आदि
माया सहित भूत
रचता प्रभु

♦

किसी भी काल
हरि नहीं या तू नहीं
संभव नहीं

♦

नहीं भूलता
जो सुख में भी उसे
हरि को प्यारा

♦

भोग विषय
चाहे लगे अमृत
किन्तु है विष

♦

विलासोन्मुख
जो हो धन लोलुप
हरि विमुख

♦

उलझा देती
राग द्वेष व क्रोध
स्मृति व बुद्धि

♦

निष्कामी भक्त
हरि को भजकर
माया से मुक्त

♦

वश में रख
काम क्रोध व मोह
निष्कंट जन

♦

हरि मिलता
जिस रूप भजता
सकामी भक्त

♦

योगी का ध्येय
ध्यान ज्ञान के मार्ग
प्रभु दर्शन

♦

लेकर जाते
लोभ क्रोध विषय
नर्क के द्वारे

♦

मन उत्पन्न
राग द्वेषादि द्वन्द
ज्ञान का क्षय

♦

जल में नाव
वायु से डांवाडोल
ईप्सा से योग

◆

मन में बैठा
उसे न देख पाता
भटका मन

◆

प्रभु का तप
कष्टमय लगता
पार लगाता

◆

वश में मन
विशुद्ध आचरण
प्रभु को प्रिय

◆

सांसों में हरि
व्यक्ति की शक्ति वही
जीवन वही

◆

प्रभु दर्शन
कर पाता है मन
एकाग्र चित्त

◆

फूंक भी दे वो
उड़ जाएगी पृथ्वी
नभ में कहीं

◆

अनंत रूप
न जाने हरि मिले
कौन से रूप

◆

डाल के वह
उलझा देता मन
माया का चक्र

◆

करते हम
हमारे सभी कर्म
उसी को प्राप्त

◆

उसी को प्राप्त
जो हम खाते पीते
फिर भी जीते

♦

देखते जो भी
और देख न पाते
वही है वो भी

♦

कष्ट जो सहे
जिस भांति भी रहे
उसी को प्राप्त

♦

योगों की शक्ति
कर्म ज्ञान व भक्ति
प्रभु की प्राप्ति

♦

किसी को कभी
जो भी किया मदद
उसको प्राप्त

♦

आत्म मंथन
अध्यात्म का चिंतन
प्रभु दर्शन

♦

देवों की पूजा
किसी की किसी रूप
हरि को प्राप्त

♦

पायेगा उसे
करेगा जो स्मरण
लगा के मन

♦

हमारे दिए
मिल जाता है उसे
भेंट हरेक

♦

अंत समय
स्मरण कर जीव
उसका निज

♦

ध्यान में मग्न
प्रभु के होता मन
अभिरक्षित

♦

जानते सभी
प्रभु विलास नहीं
भाव का भूखा

♦

अहं व स्वार्थ
रखता है जो दूर
प्रभु का नूर

♦

जिसके मन
विलासिता का सुख
हरि विमुख

♦

त्यागी पुरुष
दम्भ द्वेष से परे
हरि को प्रिय

♦

हाथ तुम्हारे
फल नहीं कदापि
कर्म तुम्हारे

♦

संतुष्ट हो जो
रखते स्थिर बुद्धि
हरि को प्रिय

♦

कर्म किये जा
ईश्वर पर छोड़
फल की चिंता

♦

प्रभु के लिए
किये कर्म के पीछे
भाव प्रमुख

♦

तुम्हारे हाथ
बस करना कर्म
उसके फल

♦

प्रभु के दिए
गुणों के अनुरूप
कर्म हैं श्रेष्ठ

♦

कर्म का त्याग
उचित न कदापि
बंधन सोच

♦

सर्वथा व्यर्थ
जग में किये कर्म
इन्द्रियों वश

♦

आसक्ति अहं
स्वार्थ से पूर्ण कर्म
होते निष्फल

♦

निःस्वार्थ कर्म
देता धार्मिक बुद्धि
मन की शुद्धि

♦

स्वार्थ से परे
किये कर्म तुम्हारे
उसे मिलते

♦

रखना ध्यान
फलद किया काम
औरों के हित

♦

हो ना सकता
किया हो कर्म अच्छा
बुरा उसका

♦

अपने कर्म
करने से अर्पण
प्रभु की प्राप्ति

♦

उसके पास
कुछ नहीं जो नहीं
वह सर्वस्व

♦

रखे विचार
ज्ञानी सब करते
जग कल्याण

♦

युक्त पुरुष
दम्भ मान व मद
पद से भ्रष्ट

♦

यही कहूंगा
है सबसे उत्तम
अपना धर्म

♦

जन्म पिछला
हम तो भूल चुके
वो नहीं भूला

♦

रूप विहीन
परिवर्तनहीन
प्रभु अस्तित्व

♦

हर जीव में
अगणित रूप में
प्रभु का वास

♦

अपना धर्म
दूसरों की अपेक्षा
जानो उत्तम

♦

इंद्री से मन
मन से परे बुद्धि
बुद्धि से आत्मा

♦

जीत या हार
योगी को सुख दुःख
एक ही भाव

♦

उससे जुड़े
हम देह रूप में
उसी का अंश

♦

जो रम जाते
छोड़ लोभ व भय
उसे पा जाते

◆

जिनको ज्ञान
रिक्त क्षण उसका
करते ध्यान

◆

प्रभु में रमे
उसी में समाहित
अंतकाल में

◆

वस्तु की नहीं
उसे अच्छी लगती
कर्मों की भेंट

◆

वो नहीं होता
किसी फल से बंधा
परे क्रिया से

◆

लगाती पार
हरि की हर हाल
श्रद्धा व भक्ति

◆

ना कोई प्रिय
प्रभु तो समभाव
ना ही अप्रिय

◆

दिला देती है
हर पाप से मुक्ति
उसकी भक्ति

◆

अनन्य भक्त
चाहे कोई भी हो
प्रभु को प्राप्त

◆

काठ की भांति
जला देती दुष्कर्म
ज्ञान की आग

◆

पापों से मुक्ति
कर्मों को सौंपने से
निःस्वार्थ उसे

♦

देती उसकी
साधना और भक्ति
मोक्ष की प्राप्ति

♦

कर्म प्रथम
प्रभु की साधना का
आत्म-संयम

♦

वेदों का प्रज्ञ
देखता जगत में
सबको सम

♦

ज्ञान परम
अपने में छुपाये
अक्षर ब्रह्म

♦

अदृश्य रह
प्रकट होता वह
किसी भी रूप

♦

आरम्भ होती
हो इन्द्रियों की तृप्ति
प्रभु विरक्ति

♦

समझते जो
पाते आत्मिक शांति
प्रभु को सखा

♦

परमानन्द
मिलेगा भोग तज
हरि को भज

♦

जो स्वार्थहीन
होता उसमें लीन
उसे पा जाता

♦

कइयों बार
कई जन्म पश्चात्
उसकी प्राप्ति

◆

प्रभु की प्राप्ति
ज्ञान कर्म व भक्ति
तीनों ही मार्ग

◆

जानना नाता
आत्मा परमात्मा का
ज्ञान का मार्ग

◆

हरि निमित्त
कर्मों का विनियोग
कर्म का मार्ग

◆

हरि में दृढ़
श्रद्धा व समर्पण
भक्ति का मार्ग

◆

जिनको ज्ञान
वो है सृष्टि का स्वामी
करते ध्यान

◆

कर्म पे भारी
चाहत ही हो जाती
शत्रु तुम्हारी

◆

जोड़ते हैं जो
स्वकर्म को फल से
प्रभु से परे

◆

हो जाता है जो
चाहत में आशक्त
प्रभु विरक्त

◆

पा लेता है जो
इच्छा पर विजय
प्रभु निकट

◆

इच्छा पे जीत
ना हो वो दुःखी कभी
या भयभीत

♦

उसका ध्यान
नियंत्रित मन से
लक्ष्य को जान

♦

अति या न्यून
निद्रा और भोजन
ध्यान में विघ्न

♦

शांत मष्तिष्क
और ध्यान में डूबा
स्वयं को ढूँढा

♦

अर्पित कर
ब्रह्म को सारे कर्म
शांति में मन

♦

शास्त्रविहित
यज्ञ दान व होम
मानव कर्म

♦

करते कर्म
तीनों गुणों को जान
वो ही महान

♦

सात्विक कर्म
शास्त्र विधि से किया
ग्रहण योग्य

♦

स्वार्थ प्रेरित
आसक्ति पूर्ण कर्म
त्याग के योग्य

♦

नर्क के द्वार
काम क्रोध व लोभ
प्रेरित कर्म

♦

देह वो खेत
कर्मों का जैसा बीज
वैसी फसल

◆

भक्ति से किया
उसकी उपासना
योग साधना

◆

सत्व से ज्ञान
रजोगुण से कर्म
तम से नर्क

◆

योगी कर्मठ
जुड़ जाता उससे
ध्यान के पथ

◆

अपना माना
औरों का सुख दुःख
प्रभु सम्मुख

◆

योगी का भोज्य
राजसी ना तामसी
मात्र सात्विक

◆

जिस जीव में
हम देखना चाहें
प्रभु उसमें

◆

भटका मन
करता नियंत्रण
प्रभु भजन

◆

होते उत्तम
वैराग्य और ध्यान
ज्ञान के पथ

◆

सृष्टि उत्पत्ति
और होता है अंत
उसी के अंक

◆

कुछ भी नहीं
जो उससे पृथक
वो ही है सब

♦

बली का बल
बुद्धिमान की बुद्धि
कुलीन वही

♦

यह संसार
लटका ज्यूँ उसके
गले का हार

♦

वो सर्वशक्ति
राग द्वेष रहित
लगन वही

♦

वही ब्रह्म है
वायु जल किरण
वही सब है

♦

हरि व्युत्पन्न
सभी भांति के भाव
उसी से क्षय

♦

अग्नि की आंच
वही पुष्प की गंध
पंछी की पांख

♦

भूतों का आदि
मध्य अथवा अंत
हरि की कृति

♦

उसका अंश
रहता विद्यमान
प्रत्येक स्वांस

♦

शांति व सुख
स्वयं में जो ढूंढते
पूर्ण रहते

♦

पूर्ण करती
भक्ति से उपासना
मनोकामना

♦

आत्मा धरती
नए देह का वस्त्र
मरने पर

♦

जीवन मृत्यु
सब उसी के हाथ
रखना याद

♦

ना ही जलती
भीगती न गलती
आत्मा अमिट

♦

आत्मा अमर
सताता है फिर क्यों
मृत्यु का डर

♦

छीनती शक्ति
विषयों की आसक्ति
मन भ्रमित

♦

माया का डर
शरण में उसकी
जाता निकल

♦

होता प्रकट
जन्म मृत्यु के बीच
हरेक जीव

♦

आत्मा अमर
अजन्मा अविनाशी
है अनश्वर

♦

पाते शरण
बिड़ले हैं जग में
उसके अंक

♦

जानता है वो
भूत भविष्य आज
कोई ना और

♦

निष्काम और
निरंतर भजन
परमशान्ति

♦

उसे स्मरण
कर सुगमपूर्ण
छूटता प्राण

♦

प्राण जो त्यागे
परम-पद पाए
जपते ब्रह्म

♦

अंत समय
कर उसको याद
मोक्ष को प्राप्त

♦

परमात्मा में
आत्मा का एकीभाव
मोक्ष की प्राप्ति

♦

पाने पश्चात्
पुनर्जन्म से छूट
परमधाम

♦

पाता शाश्वत
ब्रह्म विलीन योगी
स्वर्ग का सुख

♦

उसकी ज्योति
मन भीतर तक
सूर्य से तेज

♦

हो जाता वह
वृहत से वृहत
सूक्ष्म से सूक्ष्म

♦

नृपों का नृप
सृष्टि का अधिपति
वो सार्वभौम

♦

ब्रह्म का ज्ञान
कर देता सुगम
जीवन लक्ष्य

♦

हरि से युक्त
जन्म मृत्यु से मुक्त
हो जाते जीव

♦

जड़ चेतन
जो भी जग में आया
वही बनाया

♦

वही है कष्ट
निवारण का वही
मंत्र भेषज

♦

पालनकर्ता
सभीका माता पिता
वही सर्वस्व

♦

हव्य भी वही
ग्रहण जो करता
हवन वही

♦

वेद पुराण
ज्ञान का सार वही
मन्त्रों का प्राण

♦

देवों का देव
काल का महाकाल
हरि सर्वस्व

♦

ऐश्वर्य कांति
ज्ञान भाव के स्वामी
हरि से सब

♦

अक्षर में वो
शब्द व स्वर में वो
मंतर में वो

◆

वही शरण
हर आत्मा का घर
परमात्मा वो

◆

सृष्टि चालक
वही जग पालक
आदि व अंत

◆

धर्मरक्षक
जगत का आश्रय
हरि ही मात्र

◆

करने वाला
उसे सतत ध्यान
सुख से पूर्ण

◆

करके ध्यान
परमात्मा को पाता
प्रभु का प्राणी

◆

प्रभु की पूजा
उस तक ले जाती
मृत्यु पश्चात्

◆

हर्ष अमर्ष
व उद्वेग विहीन
हरि को प्रिय

◆

करे जो प्राणी
निष्काम धर्म कर्म
हरि को प्रिय

◆

भोगता वह
जो समर्पित उसे
स्वर्ग का भोग

◆

मन में भर
हरि से जुड़ जाओ
तुम्हारा वह

♦

कर्म से ज्ञान
ज्ञान से बड़ा ध्यान
सबसे भक्ति

♦

सेवा निःस्वार्थ
ध्यान ज्ञान अध्यात्म
उसकी राह

♦

शांति नम्रता
श्रद्धा और शुद्धता
उसे जो पाना

♦

रहता चूर
अभिमान में जो भी
प्रभु से दूर

♦

अपनाते जो
वास्तविक विद्वान
गीता का ज्ञान

♦

स्वार्थ से परे
सन्यास और त्याग
उसके मार्ग

♦

निःस्वार्थ भाव
धारण किये कर्म
हरि को प्राप्त

♦

सभी प्रलेख
लेखक और ज्ञान
प्रभु ही मान

♦

एक ही धर्म
उसको पा लेने का
निःस्वार्थ कर्म

♦

मन व बुद्धि
लगा हरि में कर्म
दिलाते सिद्धि

◆

वायु गगन
क्षिति जल पावक
देह अधम

◆

देह नश्वर
हरि में अंतर्लीन
आत्मा अमर

◆

अन्तः चेतन
आत्मा की पहचान
अध्यात्म ज्ञान

◆

जीवन धन्य
जान जाने से मात्र
मैं कौन व क्यों

◆

साथ क्या लाये
जो कुछ पाए यहीं
छोड़ोगे यहीं

◆

आये हो खाली
जाना है खाली हाथ
क्यों पश्चाताप

◆

वही मिलेगा
भाग्य में है जो लिखा
प्राणी के प्रभु

◆

जो कुछ हुआ
अच्छे के लिए हुआ
अच्छा ही होगा

◆

मेरा अपना
बस मेरा जीवन
उसे अर्पण

◆

पाता, जो होता
जीवन का आनंद
प्रभु में मग्न

♦

वायु गगन
जल ज्वाला व माटी
बना ये तन

♦

यहीं पे पाया
यहीं रह जायेगा
जो कुछ पाया

♦

मिटटी से पाया
इतनी बड़ी काया
वहीँ समानी

♦

आज तुम्हारा
कल और किसी का
होगा वो सब

♦

अधर्म होता
होता प्रभु प्रकट
धरा पे जब

♦

जायेंगे साथ
बस कर्म तुम्हारे
नहीं कि माया

♦

रखता है जो
जैसी मनोकामना
देता वो फल

♦

पाता पुरुष
पुण्य का प्रतिफल
स्वर्ग का भोग

♦

होता है जिसे
इन्द्रियों पर वश
पाप विरक्त

♦

जग उत्पत्ति
पालन सञ्चालन
हरि के हाथ

◆

तेरे अपने -
नहीं लड़ेगा पार्थ!
मारे जायेंगे

◆

धर्म रक्षार्थ
शत्रु से युद्ध पार्थ!
धर्म ही जान

◆

विराट रूप
हरि लाये सम्मुख
सारा ब्रह्माण्ड

◆

हरि के मुख
देख पार्थ चमत्कृत
सृष्टि समायी

◆

करेगा वो भी
तुम उसे करोगे
जितना प्यार

◆

बनाने वाले
सूर्य चाँद सितारे
प्रभु हमारे

◆

ब्रह्माण्ड में है
सर्वश्रेष्ठ जो कुछ
उसी का वास

◆

कर्म से धर्म
होता है सुनिश्चित
धर्म से कर्म

◆

किया सत्कर्म
देता अच्छा ही फल
जाता न व्यर्थ

◆

कर्मयोगी तू
छोड़ फल की चिंता
कर्म किये जा

◆

डॉ. सत्यदेव तिवारी

खण्ड ३ - जीवन व सोच

ढूंढें रत्न में
सुंदरता की खान
आचरण में

◆

हो के चंचल
करे आकृष्ट मन
दुराचरण

◆

खुल्ला जो छोड़ा
बिन लगाम घोड़ा
हो जाता मन

◆

कैसे सीखेगा
जाति धर्म में बंटा
मनुष्य श्रद्धा

◆

सोचूं अकेला
सोच संग चलती
जब भी चलूँ

◆

सराय जग
बिता के कुछ पल
वापस जाना

◆

आये अकेले
चार जने हैं साथ
विदा को चले

◆

आये थे चल
सिर के बल, जाना
कंधे पे चढ़

◆

जैसी करनी
आज नहीं तो कल
मिलेगा फल

◆

बनाया जो वो
किसने दिया हक
नष्ट कर दो

◆

वेद पुराण
जीवन दिक् दर्शक
ज्ञान की खान

◆

प्रकृति संग
नहीं है निरर्थक
बिताया वक्त

◆

परोपकार
उतारने का पार
उत्तम पुल

◆

होता न कभी
प्रकृति का फैशन
अप्रचलित

◆

होगा कल्याण
करोगे दूसरों का
तुम कल्याण

◆

बड़े से बड़े
देखा कब्रिस्तान की
मिट्टी में दबे

◆

कुछ भी करो
पर वो ना करना
घुट के मरो

◆

ना कि गठरी
अंत में काम आना
करनी तेरी

◆

आज ना कल
मिल कर रहेगा
कर्मों का फल

♦

रखते हैं जो
सकारात्मक सोच
पाते लक्ष्य वो

♦

परोपकार
सबसे बड़ा धर्म
देता सत्कार

♦

कोई समा ले
इतना बड़ा तो हो
धर्म का दिल

♦

लोभ के वश
मन तू ना भटक
वश में रह

♦

पाले हुए है
अनेकों ही संस्कार
अंध विश्वास

♦

बना के सिक्का
इतराता मानव
उसी पे बिका

♦

मशीन बना
इतराता मानव
साँस न प्राण

♦

होगा ये जग
रहें प्यार से सब
कितना प्यारा

♦

सिर पे हाथ
पशु भी झुका लेता
अपना शीश

♦

चित्र की सभी
चरित्र की ना कोई
करता पूजा

♦

द्वार जो आये
कोई गले लगाए
प्रभु को भाये

♦

कुछ ही बूंदें
जीने को पीती मत्स्य
सिंधु में रह

♦

होती न व्यर्थ
किसीकी की मदद
देता वो फल

♦

छोटे को देखो
अपने ही लगेगा
तुम बड़े हो

♦

कल आएगा
तुम्हारा आज किया
तुम्हारे काम

♦

जैसी नियत
वैसी ही तबियत
करता प्रभु

♦

मिलो प्रेम से
जाने किस रूप में
ईश्वर मिले

♦

भुला देता है
गर्व मद व क्रोध
प्रभु का बोध

♦

प्रभु ने दिया
सोचना कितनों से
तुमको ज्यादा

♦

दौलत व्यर्थ
छीन लेता जिसकी
नींद को वह

♦

नहीं मिलेगी
सोने के मोल नींद
नहीं वो चाहे

♦

ये मोमबत्ती
हमें प्रकाश देने
स्वयं जलती

♦

आता समझ
प्यास में चुल्लू भर
जल का मोल

♦

जीवन ऋण
कर्मों से ही अपने
होना उऋण

♦

आये जग में
मुट्ठी बंद करके
जाना खोल के

♦

जीने का हक
वह सबको दिया
बनो रक्षक

♦

औरों का भला
करो जितना ज्यादा
खुद का भला

♦

प्रभु ने दिया
हंसने की नीमत
गंवाना मत

♦

गजब शक्ति
दिया वो मनुष्य को
मन व बुद्धि

♦

सफलता के
ध्यान लगन श्रम
उत्तम मन्त्र

◆

दिखतीं उसे
रचनाएँ उसकी
मन से देखे

◆

छोड़ पिंजरा
उड़ने को मिलेगा
अम्बर बड़ा

◆

ढकता है क्यों
खुद की सुंदरता
डाल मुखौटा

◆

बनाया तुझे
वो कितना सुन्दर
आभास कर

◆

मन है मात्र
घूमने में सक्षम
पूरा आकाश

◆

रखना लगा
इन्द्रियों पे लगाम
कठिन काम

◆

मुखड़े पर
लगा कर मुखौटा
हरि को धोखा!

◆

उसका दिया
उसी से ये मुखड़ा
छुपाते फिरे

◆

उसकी पूजा
करने से ले लेता
तुम्हारी चिंता

◆

होती मिठास
अंगूर के रस में
ना कि रंग में

♦

जड़ दो कहीं
मंदिर या मस्जिद
भक्त पत्थर

♦

उड़ने को वो
मनुष्य को भी दिया
ज्ञान का पंख

♦

हंसना नहीं
किसी के दुःख पर
उसे हंसाना

♦

पाया है बुद्धि
ताकि इन्सान करे
जीवों की रक्षा

♦

देना उत्तर
भले को भलाई से
बुरा न बने

♦

होता पर्याप्त
कुछ देने के लिए
एक ही हाथ

♦

क्षमा का दान
होता है देने वाला
व्यक्ति महान

♦

जोड़ना होता
कुछ पाने के लिए
दोनों ही हाथ

♦

स्वार्थ का रिश्ता
पूरा होते ही स्वार्थ
होता समाप्त

♦

तन से ज्यादा
मन को संवारना
ध्यान रखना

♦

ना ले पाओगे
एक सांस भी ज्यादा
किसी से छीना

♦

हुए अमर
मीरा तुलसी सूर
हरि को भज

♦

उम्र गुजारी
सागर को खोजते
जीवन नदी

♦

माटी से जन्मे
उसी माटी में फिर
मिल जाना है

♦

किया सत्कर्म
देता मन की शांति
मोक्ष की प्राप्ति

♦

इन्हीं से बना
पांच तत्वों में मिला
फिर से तन

♦

शक्ति के साथ
होने को कामयाब
युक्ति जरूरी

♦

होता तुम्हारे
कर्मों पर निर्भर
रोना हंसना

♦

कोई न जाना
पढ़ के हस्तरेखा
लिखा क्या लेखा

♦

डाल देती है
सुंदरता में जान
एक मुस्कान

♦

खिले प्रसून
उद्यानों के गहने
देते शकुन

♦

रहे भागते
बस पैसे के पीछे
मित्र न रिश्ते

♦

उन्मुक्त मन
कर आता भ्रमण
धरा गगन

♦

पाता न छुप
करने से श्रृंगार
असली रूप

♦

पता चलता
कष्ट में होने पर
अपना कौन

♦

चाह जिसकी
सबसे कम होती
अमीर वही

♦

चंचल मन
ढक लेता जीवन
बादल बन

♦

बना देता है
असंतुष्ट जीवन
स्वार्थीपन

♦

नहीं सजती
लगा ले रूग्ण घोड़ी
लाल लगाम

♦

उन्हीं से बन
पांच तत्वों में मिला
फिर से तन

♦

एक असत्य
छुपाने को बोलोगे
कितने झूठ

♦

मांगेगा वह
जिसके लिए भेजा
कर्मों का लेखा

♦

करती रही
इंसानियत घाव
छोड़ा न साथ

♦

जहाँ से आये
फिर वहीं है जाना
भूल न जाना

♦

चलती चढ़
इंसानियत सदा
प्यार व दया

♦

नहीं रहते
विश्राम व उत्थान
एक ही स्थान

♦

कर देती है
आदमीयता छोटी
नियत खोटी

♦

बिखरे रंग
घुल जाती है आत्मा
प्रकृति संग

♦

मारता नित
इंसान को दौड़ा के
लोभ का विष

♦

मरने पर
पाते रूप बदल
जीवन पुनः

◆

दूर हो गए
प्रसिद्ध होने पर
मेरे अपने

◆

खोने का गम
यहीं सर्वस्व मिला
क्यों करें हम

◆

उम्र बिताई
चेहरे की झुर्रियां
यही कमाई

◆

मन बहेगी
मन से करो कुछ
हर्ष की नदी

◆

खर्च दी उम्र
बस माथे की झुर्री
बदले मिली

◆

विनाश में भी
मिल जाता है कभी
नया खजाना

◆

आंच तो आती
रोशनी नहीं आती
दिल जलाए

◆

हरेक दिन
कुछ नया सिखाता
गुरु हमारा

◆

कितने पले
इन झुर्रियों तले
बूढ़े हो चले

◆

प्यार की छाँव
इन झुर्रियों तले
और भी घनी

◆

खींची रेखाएं
चेहरे पर लिखी
लम्बी कहानी

◆

नारी या नर
संवेदना के बिना
गया वो मर

◆

चाहा था मैंने
बदल दूँ दुनिया
खुद बदला

◆

किसे दे जाऊं
रखवाला तो मिले
रखीं जो यादें

◆

तुम्हारा जो है
मिल कर रहेगा
धैर्य रखना

◆

आने से गुरु
होता है जीवन में
सत्कर्म शुरू

◆

लोभ का जाल
खींच कर ले जाता
गहरे ताल

◆

करता पार
विवेक पतवार
लोभ सिंधु से

◆

प्रेरणा स्रोत
बुराई का बनता
मन का लोभ

◆

बज के घना
दर्शाते खालीपना
भांडे अपना

♦

खींची लकीरें
पानी व मन पर
नहीं टिकतीं

♦

धागे में होता
गले का हार होता
मोती का दाना

♦

सही श्रृंगार
रहते जब स्वस्थ
तन व मन

♦

चंचल मन
ढक देता जीवन
वश में रखो

♦

यजमानी व
बेईमानी का धन
पानी का धन

♦

होता है अच्छा
कितना भी घुमा लो
सीधा ही रस्ता

♦

करो न ऐसा
होवो शर्म से पानी
कुछ भी वैसा

♦

नापती घडी
बचीं कितनी सांसें
हाथ में बंधी

♦

डूबा देता है
विशाल जहाज भी
पेंदी में छेद

♦

ज्यादा सार्थक
नहलाने से पौधे
जड़ में जल

♦

करती नशा
नशाखोर को नंगा
बुद्धि पे पर्दा

♦

करोगे प्यार
बेहतर जिंदगी
रहेगी यार

♦

अंततोगत्वा
होकर ही रहता
नशा से नाश

♦

बड़ों का फर्ज
प्यार और सुरक्षा
छोटों का कर्ज

♦

मारता नित
इंसान को दौड़ा के
लोभ का विष

♦

सम्पदा हेतु
नहीं बनाते पशु
रण की भूमि

♦

बन चंडिका
बुराईयों का नाश
स्त्री की भूमिका

♦

दिल की बात
बन्दर भी करता
बच्चों से प्यार

♦

देती आहट
ज्यादा मुस्कराहट
परोसा झूठ

♦

तोड़ने वाले
दिल पत्थर चाहे
तोड़ ही देते

♦

जीवों से ज्यादा
मरी चीजों से प्यार
जन स्वभाव

♦

पैसा बनाता
पैसे के लिए घर
टूट भी जाता

♦

छाँव जो देता
होता वृक्ष का कद
औरों से ऊँचा

♦

औरों का हक़
छीनने की ललक
रखते कई

♦

मन का तम
जल ज्ञान की बत्ती
दूर भगाती

♦

घर का तम
भाग जाता फ़ौरन
दीये का दम

♦

दीपक तले
रह जाता अँधेरा
बेशक जले

♦

बिकवा दिया
दौलत की भूख ने
अदमीयता

♦

जाने की राह
मुश्किलों से बाहर
मुश्किलों में ही

♦

एक भी दीया
भगाने में सक्षम
गहरा तम

♦

लेकर जाती
मन पे पाप काई
गहरी खाईं

♦

नहीं जा पाते
अधिक दूर तक
झूठ के पैर

♦

करो उपाय
मन पर विकार
छाने ना पाय

♦

धारण करे
काम क्रोध व लोभ
मन में रोग

♦

हत्यारे पर
बरसाता सुगंध
वृक्ष चन्दन

♦

ध्यान व ज्ञान
करने के हैं तंत्र
काबू में मन

♦

होकर मौन
सब कहता दिल
सुनेगा कौन

♦

मन पे काबू
सुन्दर जीवन का
उत्तम जादू

♦

ढेर सी बातें
कह देती हैं आँखें
भाषा न शब्द

♦

अनेकों बातें
कहने में सक्षम
आँखों के रंग

◆

प्रभु ने बांटा
ज्यों गुलाब में कांटा
सुख व दुःख

◆

हार भी जाय
झूठे साक्ष्य से न्याय
कभी न सत्य

◆

बहा ले जाती
समय की सरिता
जीवन जल

◆

पांव न आँख
नहीं जा पाता झूठ
अधिक दूर

◆

सच से यदि
किसी का कटे गला
मौन ही भला

◆

लोभ का जाल
खींच कर ले जाता
कष्ट के ताल

◆

नीचे गिराता
मन का असंतोष
दिल दुखाता

◆

प्रेरणा स्रोत
सब बुराईयों का
मन का लोभ

◆

लोभ का मारा
रस में फंस जाता
भौरा बेचारा

◆

लेकर जाता
रूढ़िवादी संस्कार
अँधेरी राह

◆

अच्छे संस्कार
जीवन राह पर
शीतल छाँव

◆

अच्छे संस्कार
जीवन का बनाते
सुगम राह

◆

रखो तो पाओ
समाज में सत्कार
अच्छे संस्कार

◆

भटक जाता
बिना रखे संस्कार
मानव राह

◆

पास नहीं तो
मिलेगा तिरस्कार
सभ्य संस्कार

◆

मन प्रसन्न
होता है जब होती
चाहत थोड़ी

◆

संस्कार पूर्ण
मृत्यु भी बन जाती
खास प्रसंग

◆

करके बने
ये संस्कार अपने
वर्षों साधना

◆

तुम्हारी मस्ती
जलाये जा रही है
तुम्हारी बस्ती

◆

आपा हरती
अपना कर लेती
मीठी ज़ुबान

♦

नियत खोटी
पाप राह ले जाती
नहीं कि रोटी

♦

जिह्वा हो जाये
जब भी बेलगाम
दुष्परिणाम

♦

पत्थर दिल
रखते हैं प्यार भी
पत्थरों से ही

♦

कैंची सी होती
अनियंत्रित जीभ
रिश्तों के बीच

♦

पक्का बनाती
विश्वास की रोड़ी ही
प्रेम की राह

♦

एक दूजे का
विज्ञान व संस्कार
जरूरी साथ

♦

खोलते ताला
साहस श्रम आस्था
सफलता का

♦

नहीं दिखता
गर्म पानी में बिम्ब
क्रोध में सच

♦

बड़ा है वह
जिसकी जरूरत
सबसे कम

♦

प्लास्टिक फूल
सुन्दर हों बेशक
गंध विहीन

◆

हाथ में बंधी
घड़ी सासें नापती
कितनी हो लीं

◆

बातों से नहीं
जजबातों से लड़ो
होंगे सफल

◆

कोई भी दर्द
जाता वहीं ठहर
रात्रि पहर

◆

भरो सुगंध
जीवन में मोहन
बन चन्दन

◆

उधार खाया
चुराए फिरता है
लोगों से आंख

◆

बीमार पड़ी
सड़क ने की छुट्टी
गली की ड्यूटी

◆

मिलेंगे कई
फेरने वाले आंख
बुरे समय

◆

धागे में गूँथ
कहलाता है माला
कोई भी फूल

◆

नग्न हो जाते
पुरुष गरीबी में
स्त्री अमीरी में

◆

रोटी खाने को
धनी वक्त ढूंढता
गरीब पैसा

♦

जन ही ऐसा
जिसे प्रभु ने बख्शा
हंसी व प्रेम

♦

लम्बी बीमारी
बना देती है भार
स्वयं का भार

♦

कोई न बाँध
समय सरिता की
गति ले थाम

♦

हवा भी देना
मंजिल की राह में
लगा के आग

♦

भाग्य से पाये
जीवन अनमोल
व्यर्थ न जाये

♦

खाली हो जाता
रोजाना एक दिन
उम्र का घड़ा

♦

बड़े ही लंबे
चलना सम्हल के
जीवन पथ

♦

है सीधी सादी
जिंदगी को करते
जटिल हम्हीं

♦

खुश हैं हम
जीवन में तुम्हारे
साथ का दम

♦

जिंदगी मेरी
तुझे ढूंढने में ही
साँझ हो गयी

◆

वृद्ध की सेवा
करने से मिलता
मीठा ही मेवा

◆

सुख का पता
अँधेरे में रहता
दुःख क्या जाने

◆

हमें देखना
आग नहीं देखती
क्या है जलाना

◆

करता पार
विवेक पतवार
लोभ सिंधु से

◆

कुछ भी चले
संभव जब आग
दिल में जले

◆

छोटी सी लुत्ती
जला के रख देती
ढेरों सी रुई

◆

नहीं संभव
संघर्ष किये बिना
शीर्ष को छूना

◆

शीश झुकाये
आशीष ही मिलता
बड़ों के आगे

◆

छोड़ अकड़
शिष्टाचार पकड़
मिलेगा प्यार

◆

बिना सोच के
बन जाते विवाद
बोले संवाद

♦

चोट खाकर
पा पाता है पत्थर
मूर्ति का रूप

♦

बदल जाता
आदमी का बर्ताव
पैसा पा जाता

♦

स्वयं न खाता
वृक्ष दे देता फल
औरों को सारा

♦

लिए हरेक
हड़पने की होड़
रहा है दौड़

♦

थकाती ज्यादा
काम को करने से
काम की चिंता

♦

शिल्पी घिसता
बन जाता पत्थर
मूर्ति सुन्दर

♦

सीख है देती
सम्हलना फिर से
गिर के चींटी

♦

मूर्ति गढ़ती
शिला जब सहती
प्रसव पीड़ा

♦

महका देता
घिसकर चन्दन
सबका मन

♦

तराश कर
बन जाता पत्थर
एक नगीना

♦

रखी है खोल
पुत्रों हेतु धरनी
छाती अपनी

♦

यदि हो मन
साहस व लगन
बौना गगन

♦

मैं नहीं होता
वो तो है इच्छा मेरी
नंगी हो जाती

♦

दृढ़ निश्चय
सरल कर देता
लक्ष्य दुष्कर

♦

रहती इच्छा
नृप की भी अधूरी
साधु की पूरी

♦

नाप के आई
सिंधु की गहराई
साहसी नाव

♦

बढ़ा देता है
करना ज्यादा लोभ
मन का क्षोभ

♦

रोक सकता
जाने देता क्या कर
वक्त को नर

♦

ईश्वर करे
पड़ोस में न बसे
ईर्ष्यालु व्यक्ति

♦

नहीं रहते
विश्राम व उत्थान
एक ही स्थान

♦

बज के घना
दर्शाते खालीपना
भांडे अपना

♦

लम्बी हो जाती
स्वयं की परछाईं
रात्रि से पूर्व

♦

प्यासा ही जाने
क्या होता घूंट भर
जल का मोल

♦

नहीं है देखा
पशु पर हँसता
कोई भी पशु

♦

कुछ भी करो
नहीं जला सकती
सांच को आंच

♦

मन उघार
तन ढकने हेतु
कई उपाय

♦

अँधा समान
होते हुए भी आंख
वगैर ज्ञान

♦

जन्मा के मनु
स्वार्थ में मानवता
स्वयं खा जाता

♦

स्वर्ग की राह
सत्कर्मों से बनती
बना ले कोई

♦

जीवन रस
सोख लेता है धन
बालू की भांति

♦

देते हैं चीर
हृदय में चुभ के
शब्दों के तीर

♦

समेट देती
पन्नों में ही लेखनी
दुनिया सारी

♦

चुप करा दे
लेखनी में ताकत
युद्ध करा दे

♦

डंक का डर
शहद की मिठास
एक चुनाव

♦

एक दिखाओ
होतीं तीन अंगुली
खुद की ओर

♦

उपजाता है
सभ्यता का अभाव
कड़वे बोल

♦

मरी जा रही
दब के मानवता
पैसे का बोझ

♦

समय नदी
कोई न बना पाया
पुल या बांध

♦

नन्हां सा गोदा
विशाल वट वृक्ष
जम के होता

♦

बेले पापड़
मन ही के कारण
पर न पूरी

◆

घड़ी की सुई
चले एक ही धुरी
गति अलग

◆

छोटा रह के
प्यार व आशीर्वाद
दोनों ही प्राप्त

◆

अँधेरा आता
परछाईं भी मेरी
छीन ले जाता

◆

ढूंढ के लाती
उज्जवल राह सही
नेकनीयती

◆

करता कोई
भरता हर कोई
वायु दूषित

◆

समझ ले जो
दिन रात का भेद
जीवन सुखी

◆

नग्न हो रही
अपनों के ही किये
माँ तुल्य मही

◆

देकर गया
लड़ने की ताकत
आ बुरा वक्त

◆

हेतु तुम्हारे
भू सर्वस्व लुटाती
तुम सो जाते

◆

रह जाएगी
दिल को जलाओगे
राख ही हाथ

♦

देते जीवन
मेघ पर्वत सरि
बनो न अरि

♦

हुआ बेपंख
दुस्साहस के बस
गिद्ध सम्पाति

♦

मन की चाह
दुनिया की दौलत
मेरी ही राह

♦

मुख को करे
परछाईं भी पीछे
सूर्य की ओर

♦

रवि व सत्य
छांटने में सक्षम
घनेरे घन

♦

तूफान फंसी
ज्यादा पानी फेंकती
पवन चक्की

♦

शत्रु व रोग
थोड़ा भी रह जाय
हो जाते रौद्र

♦

धूप या छाँव
रहता सम भाव
वही महान

♦

ये चार कंधे
चाँद सितारे कहाँ
इस यात्रा में

♦

करेंगे हम
जल का संरक्षण
तभी जीवन

◆

कड़वे तीर
बोल गर हों मीठे
हरते पीर

◆

कभी ठिठोली
कभी घातक गोली
हो जाती बोली

◆

मरना भी है
जन्म लेने वाले को
कड़वा सत्य

◆

दुल्हन होती
आज वो रही होती
गिरवा दिया

◆

महत्वहीन
मोती मनुष्य नदी
पानी विहीन

◆

निशुल्क शब्द
संवाद में ढलके
पाते हैं मोल

◆

अधिक देर
रहते नहीं छुपे
सूर्य व सत्य

◆

शब्दों को तोल
हृदय के तराजू
तो फिर बोल

◆

पूछ रहा - तू!
किसका भगवान?
बंटा इंसान

◆

धन कमाना
होता बड़ा आसान
बेच ईमान

◆

मैं नहीं होता
निर्लज्ज मेरी इच्छा
नंगी हो जाती

◆

गुण व गंध
कब तक रहेंगे
शीशी में बंद

◆

मेरा जीवन
कितनों का ऋण
फिर भी मेरा

◆

नहीं चाहिए
मंच और प्रपंच
गुणी जो जन

◆

गर्व भी रखे
जीवन आनंद भी
कौन है भला

◆

मुफ्त की चीज
बेशक अनमोल
पाती न मोल

◆

भेदें न लक्ष्य
बिन साधे निकले
शर व शब्द

◆

उतार देता
सत्गुरु का संगत
माया का नशा

◆

ऊपर से ही
उड़ जाते हैं पंछी
ठूंठ हो पेड़

◆

आंधी भी बने
क्या बिगाड़ेगी हवा
ठूंठ पेड़ का

♦

सिर के बल
आये जग में चल
जाना कंधे पे

♦

मन वश में
जीवन हो यश में
गीता का ज्ञान

♦

चाहिए जल
प्यासे व निर्लज्ज को
चुल्लू ही भर

♦

कोई न जाने
कब किसका भाग्य
सोये से जागे

♦

जल का मोल
कितना अनमोल
प्यासा ही जाने

♦

डाल सजाया
सोने के आभूषण
मिट्टी की काया

♦

सबसे अच्छा
साधारण जीवन
बिना परीक्षा

♦

मिटटी से पाया
इतनी बड़ी काया
वहीं समानी

♦

कह के प्रथा
कर देते हैं लोग
पशु की हत्या

♦

शत्रु का वध
प्राण पे पड़ आये
शास्त्र सम्मत

♦

खुद पे डंडा
लग जाता है जब
हो जाता ख़ुदा

♦

कैसी ये बलि
कुर्बानी देता कोई
मरता कोई

♦

जल में नहा
साफ़ होता है तन
देख के मन

♦

देश दुनिया
कर देती तबाह
युद्ध कि राह

♦

छोटी सी लुत्ती
जला के रख देती
रुई की ढेरी

♦

पैसा बनाता
पैसे के लिए घर
टूट भी जाता

♦

आया लेकर
सन्देश कबूतर
लड़ ना नर

♦

ख़ुदा से खुद
खोदा जिसने पाया
खुद में ख़ुदा

♦

शांति की सोच
जगाया था कपोत
टला ना युद्ध

♦

गाय की सेवा
दूध दही का मेवा
घी का कलेवा

♦

एक मच्छर
कर देता है पैदा
नर में डर

♦

चाहे घनिष्ट
रिश्ते को भगा देती
शंका की डोर

♦

छिपाये होती
सफलता का मन्त्र
असफलता

♦

बन जाता है
असंतुष्ट जीवन
स्वार्थी हो मन

♦

वापस जाना
फिर पास उसी के
भूल न जाना

♦

संग जाएगी
करनी का खजाना
भूल न जाना

♦

मांगेगा वह
लेखा जोखा पुराना
भूल न जाना

♦

लेकर जाती
सच्चाई की राह पे
नेकनीयती

स्वयं की नहीं
औरों की भी गलती
सीख का पाठ

♦

डॉ. सत्यदेव तिवारी

खण्ड 4 - हाइकु भजन

1

द्वार खड़ी थी
सैयां निकस गये
मैं ना लड़ी थी

भीगी अँखियाँ
बड़ी असुअन की
लंबी झड़ी थी

रोके रुके ना
उन्हें जाने न कैसी
जल्दी पड़ी थी

जुटे संबंधी
मित्रों की उन पर
आँखें गड़ी थीं

कोरी करारी
चुनरी नई लायी
देह पड़ी थी

चार जने थे
काँधे पर जिनके
शैय्या चढ़ी थी

चले हिंडोले
बुलाये नहीं बोले
नींद बड़ी थी

2

लगता देख
जंगल पेड़, तुम
यहीं कहीं हो

फूलों की गंध
बोलें विहंग, तुम
यहीं कहीं हो

झील झरने
लगे कहने, तुम
यहीं कहीं हो

देख के घन
कहता मन, तुम
यहीं कहीं हो

कहे लहर
उमंगें भर, तुम
यहीं कहीं हो

सूरज तारे
बताते सारे, तुम
यहीं कहीं हो

3

नींद ना आयी
रात देर सुलाने
तुम्हीं तो आये

किरणें भेज
होते भोर जगाने
तुम्हीं तो आये

भूखे थे हम
छींट अन्न खिलाने
तुम्हीं तो आये

प्यास लगी जो
जल ले के पिलाने
तुम्हीं तो आये

वर्षा बसंत
मौसम ये सुहाने
तुम्हीं तो लाये

सूना था मन
बीच प्यार बसाने
तुम्हीं तो आये

4

मुझमें पड़ा
खालीपन भरने
तुम आ जाना

मुझे सुलाने
रात लोरी सुनाने
तुम आ जाना

नशे का घूंट
भर प्यार पिलाने
तुम आ जाना

सजी रहूंगी
नजर को लगाने
तुम आ जाना

तुम्हें जोहूंगी
कभी किसी बहाने
तुम आ जाना

जब रोउंगी
चुप मुझे कराने
तुम आ जाना

बन सहेली
पहेली सुलझाने
तुम आ जाना

करुँगी मैं तो
गलती पे मुस्काने
तुम आ जाना

मुरझा जाए
मन मेरा खिलाने
तुम आ जाना

होऊं उदास
तो हंसने हंसाने
तुम आ जाना

कुछ हो चाहे
ना करना बहाने
तुम आ जाना

5

रोड़ी पर्वत
ताड़ तिल हो जाये
यदि वो चाहे

हवा का झोंका
तेज आंधी हो जाये
यदि वो चाहे

धनी हो दीन
रंक राज चलाये
यदि वो चाहे

बहरा सुने
मूक गीत सुनाये
यदि वो चाहे

नहीं है कुछ
असंभव हो पाए
यदि वो चाहे

पंख बगैर
मनुष्य उड़ जाए
यदि वो चाहे

6

उसी के हाथ
जीवन व मरण
रहे स्मरण

जीव मात्र का
उससे ही पालन
रहे स्मरण

दुखों का वही
करता निवारण
रहे स्मरण

दिया है साँसें
उसने गिन कर
रहे स्मरण

तुम संपन्न
उसके ही कारण
रहे स्मरण

सारा ब्रह्माण्ड
करता वो धारण
रहे स्मरण

7

देखा तुमको
बहते झरनों में
शोर मचाते

देखा तुमको
पेड़ों की टहनी पे
फूल खिलाते

देखा तुमको
तितली के पर पे
रंग जमाते

देखा तुमको
कल कल करती
नदी में जाते

देखा तुमको
गहरे सागर में
उर्मि उठाते

देखा तुमको
ढलने पे सूरज
तारे जगाते

देखा तुमको
मेघ घुमड़ाकर
बूंदें गिराते

देखा तुमको
बन लौ दीपक की
ज्योति जगाते

देखा तुमको
चीं चीं में चिड़ियों की
चहचहाते

देखा तुमको
मछली सा पानी में
तैर के जाते

देखा तुमको
बैठे सितारों पर
टिमटिमाते

देखा तुमको
जमाकर भाप को
बर्फ वर्षाते

देखा तुमको
बसंत बुलाकर
पुष्प खिलाते

देखा तुमको
अन्न उपजाकर
क्षुधा मिटाते

देखा तुमको
सुबह गगन से
सूर्य झंकाते

देखा तुमको
उंगली पे अपनी
धरा डुलाते

देखा तुमको
धर कोई भी रूप
कहीं भी आते

देखा तुमको
शिशु के मुख पर
खिलखिलाते

देखा तुमको
कंठ में बैठकर
गीत सुनाते

देखा तुमको
मेरे इन नैनों से
विश्व दिखाते

देखा तुमको
हवाओं में मुझको
छूकर जाते

देखा तुमको
बैठकर भीतर
जी भटकाते

देखा तुमको
प्राणों में घुसकर
सांस चलाते

देखा तुमको
हृदय के अंदर
बैठ मुस्काते

8

बिगड़े काम
बनाने को बहुत
हरि का नाम

प्रेम से लेता
जो, दुःख हर लेता
हरि का नाम

राह सुगम
करता हरदम
हरि का नाम

जो भी पुकारे
भव पार उतारे
हरि का नाम

सबसे बड़ा
इस सृष्टि में खड़ा
हरि का नाम

छाँव व घाम
सब कुछ समाये
हरि का नाम

स्वर्ग सा होता
गूंजे जिसके धाम
हरि का नाम

कृष्ण व राम
दोनों हे भगवान
हरि का नाम

सुखों का धाम
इस जग में प्राणी
हरि का नाम

पाया जिसने
पा लिया सब कुछ
हरि का नाम

मुझे बहुत
दुनिया से क्या काम
हरि का नाम

9

फूलों में रंग
सुगंध बिखराते
तुम्हीं तो बैठे

वाद्य यन्त्र से
सुरताल उठाते
तुम्हीं तो बैठे

कवि के मन
कविता उपजाते
तुम्हीं तो बैठे

कलाकार के
हिय कृति जगाते
तुम्हीं तो बैठे

भोगों के द्‌वारा
नाना स्वाद चखाते
तुम्हीं तो बैठे

ज्ञान भरते
विद्‌वान बनाते
तुम्हीं तो बैठे

10

सम्पूर्ण छटा
प्रकृति और धरा
उसकी कला

इतनी बड़ी
धरनी रंग डाला
उसकी कला

मेघ पवन
रवि तारे गगन
उसकी कला

रात अंधेरी
दिन भरा उजाला
उसकी कला

पैदा होकर
जीव हरेक पला
उसकी कला

हम हैरान
सुंदरता की खान
उसकी कला

11

कृष्ण या राम
जग में दो सुन्दर
तेरे ही नाम

चाहत मेरी
दुनिया कर जाऊं
तेरे ही नाम

लेकर जीना
दुनिया से क्या काम
तेरा ही नाम

करनी मेरी
होवे तो तर जाऊँ
तेरे ही नाम

तेरा ही दिया
प्रभु जीवन मेरा
तेरे ही नाम

मर भी जाऊं
बस मैं लौ लगाऊं
तेरे ही नाम

12

मैं तो हूँ बाती
लौ जीवन दीप की
तुम्हीं विधाता

जीवन नैया
भव पार खेवैया
तुम्हीं विधाता

जन्म देकर
दिखाया जो संसार
तुम्हीं विधाता

हम साधन
करने वाला सब
तुम्हीं विधाता

ज्ञान विज्ञान
इस जग में जो भी
तुम्हीं विधाता

नाम अनेक
स्वामी सबका एक
तुम्हीं विधाता

13

ये रात दिवा
कर सकता कौन
तुम्हारे सिवा

चला के हवा
देता है सांसें कौन
तुम्हारे सिवा

मेघा बरसा
तर करता कौन
तुम्हारे सिवा

तारे लटका
संभाले हुए कौन
तुम्हारे सिवा

सूरज उगा
ज्योति देता है कौन
तुम्हारे सिवा

रोगों की दवा
देता माटी में कौन
तुम्हारे सिवा

मन में मेरे
बजाता बंशी कौन
तुम्हारे सिवा

हमारी सुध
लेने वाला है कौन
तुम्हारे सिवा

भव से पार
लगाने वाला कौन
तुम्हारे सिवा

तुम्हारे द्वार
आके थामेगा कौन
तुम्हारे सिवा

14

हरि शरण
सब कष्टों से मुक्ति
कर लो भक्ति

बढ़ाता वह
धन धान्य संतति
कर लो भक्ति

भरनेवाला
मन में अनुरक्ति
कर लो भक्ति

भय से मुक्त
देती होने की शक्ति
कर लो भक्ति

मन की इच्छा
वही करता पूर्ति
कर लो भक्ति

परमानन्द
सांसारिक सुख भी
कर लो भक्ति

15

सारे तीरथ
हरि नाम में स्थित
भज ले प्यारे

हरि का नाम
भव पार की नाव
भज ले प्यारे

तेरा कल्याण
हरि नाम करेगा
भज ले प्यारे

वही है प्यारा
जो हरि को पुकारा
भज ले प्यारे

जो भी अधूरी
करेगा इच्छा पूरी
भज ले प्यारे

भजन बिना
निरर्थक जीवन
भज ले प्यारे

16

लेने से होता
सफल हर काम
हरि का नाम

करता भजे
बड़ी शक्ति प्रदान
हरि का नाम

होता निर्मल
रे मन भजकर
हरि का नाम

लेने से मात्र
होता पापों का नाश
हरि का नाम

जो रट लेता
वो कष्ट हर लेता
हरि का नाम

हरि की प्राप्ति
मन से भजकर
हरि का नाम

17

दीया न बाती
रात जगमगाती
हरि के घर

कुछ भी ना हो
सब मिले जो चाहो
हरि के घर

कितना बड़ा
सब ही अंट जाते
हरि के घर

कोई न भूखा
मन मार न सोता
हरि के घर

कोई भी आता
परम सुख पाता
हरि के घर

जाना संभव
पावन कर्म कर
हरि के घर

18

मिट्टी का बुत
बना के सांसें डाला
ऊपरवाला

जीवों को पाला
दे हवा पानी खाना
ऊपर वाला

भाग्य का ताला
चाहे तो खुल जाय
ऊपर वाला

भोर उजाला
मिलते जब देता
ऊपर वाला

कैसे संभाला
तारे बिना सहारा
ऊपर वाला

सूर्य भी काला
ग्रहण में दिखाता
ऊपर वाला

19

करती सदा
पुरुषार्थ की सिद्धि
प्रभु की भक्ति

करके सदा
पाओ तुम सदबुद्धि
प्रभु की भक्ति

सुखी संपन्न
करके होता जन
प्रभु की भक्ति

रक्षा करती
हर पग सबकी
प्रभु की भक्ति

इच्छा मन की
पूरी कर सकती
प्रभु की भक्ति

दिलाती मुक्ति
संकट से भव की
प्रभु की भक्ति

20

आत्मा है अंश
परमात्मा का उसी
सोचा है कभी

जहाँ से आये
फिर वहीं है जाना
सोचा है कभी

पल पल का
वो लेगा लेखा जोखा
सोचा है कभी

जायेंगे संग
किये तुम्हारे कर्म
सोचा है कभी

भरा है कौन
परमाणु में शक्ति
सोचा है कभी

धरे है छोर
ब्रह्माण्ड किस ओर
सोचा है कभी

विशेष कुछ
प्रभु दिया तुम्हें भी
सोचा है कभी

व्यर्थ न जाता
किया हुआ कुछ भी
सोचा है कभी

किसी से मांगो
पर देता है वही
सोचा है कभी

जिससे माँगा
दिया उसे भी वही
सोचा है कभी

समय सदा
होता एक सा नहीं
सोचा है कभी

उसकी मर्जी
जो होगी होगा वही
सोचा है कभी

21

ब्रह्म का सार
ॐ की महिमा
अपरम्पार

मन को देती
बड़ी शान्ति व शक्ति
ॐ का जाप

ॐ मंत्र से
ऊर्जा का संचार
शुद्ध विचार

ब्रह्म स्वरुप
सब मन्त्रों का सार
ॐ उच्चार

ध्वनि की माया
जन्म पालन मृत्यु
ॐ झंकार

दूर करती
नकारात्मक शक्ति
ॐ प्रभास

22

सृष्टि ये सारी
प्रभु तेरे वश में
पार लगाना

भंवर फंसी
प्रभु नईया मेरी
पार लगाना

हरता हरि
सब संकट भारी
पार लगाना

तेरी शरण
है उद्धार सभी का
पार लगाना

पालनहार
तू ही त्रिभुवन का
पार लगाना

तेरे सिवाय
है कौन खेवइया
पार लगाना

23

जागा या सोया
रहा नशे में खोया
नाम के तेरे

दो घूंट पीया
बोध ठिकाने आया
नाम का तेरे

वो तर गया
जपा जिसने माला
नाम की तेरे

बड़ा है धन
मणि से भी वो दाना
नाम का तेरे

मिला जो मन्त्र
मिटाया सभी भ्रम
नाम का तेरे

उसी का होता
जो मन से भजता
नाम को तेरे

24

काफी है नाम
बनाने को बिगड़ी
जय श्रीराम

लेते जो नाम
पूरे हो जाते काम
जय श्रीराम

तेरी शरण
सब सुखों का धाम
जय श्रीराम

आकर थाम
भंवर में नइया
जय श्रीराम

भज ले प्यारे
कौड़ी लगे न दाम
जय श्रीराम

जय श्रीराम
जय जय श्रीराम
जय श्रीराम

25

गुण समाया
हर जीव पृथक
प्रभु की माया

हमने पाया
मन मष्तिष्क काया
प्रभु की माया

आग बुझाता
खौल रहा पानी भी
प्रभु की माया

चुभे जो कांटा
कांटा ही निकालता
प्रभु की माया

एक ही बाग
फूलों के राग कई
प्रभु की माया

सीखा ना पशु
तैर नदी में जाता
प्रभु की माया

चलती उल्टा
छत पे छिपकली
प्रभु की माया

एक ही मिट्टी
गन्ने और मिरची
प्रभु की माया

बिना सहारा
लटकी ये धरती
प्रभु की माया

नभ में औंधे
लटके चाँद तारे
प्रभु की माया

नन्हां सा बीज
बना विशाल वृक्ष
प्रभु की माया

बना के मन
ब्रह्माण्ड घुमाया
प्रभु की माया

26

भव उद्भव
कर माँ भव धारे
तू भव तारे

कल्याणमयी
संकट से उबारे
तू भव तारे

जग रक्षा को
असुरों को संहारे
तू भव तारे

जिसका चाहे
माँ तू भाग्य सवाँरे
तू भव तारे

जीवन नैया
माता पार लगा रे
तू भव तारे

मैं हूँ शरण
माँ कृपा बरसा रे
तू भव तारे

27

भादों अष्टमी
घोर अँधेरी रात
कृष्णावतार

माँ देवकी का
जन्मा आठवां लाल
कृष्णावतार

टूटीं बेड़ियाँ
सो गए द्वारपाल
कृष्णावतार

पृथ्वी पे हुआ
बन कंस का काल
कृष्णावतार

हुआ तो हुआ
असुरों का संहार
कृष्णावतार

साधु रक्षार्थ
धर्म संस्थापनार्थ
कृष्णावतार

28

फूलों को खिला
बगिया महकाया
प्रभु आभार

दिया तू गाय
हम दूध घी खायं
प्रभु आभार

मधु न पाते
मधुमक्खी न देता
प्रभु आभार

उदर दिया
दाना पानी भी दिया
प्रभु आभार

ले जाती उड़ा
दुर्गन्ध तेरी हवा
प्रभु आभार

तूने लौ दिया
हुई रौशन दीया
प्रभु आभार

सैलाब दिया
नाव की काठ दिया
प्रभु आभार

पृथ्वी पे दिया
हर व्याधि की दवा
प्रभु आभार

नज़ारे दिया
चाँद सितारे दिया
प्रभु आभार

सौंदर्य दिया
आनंद हेतु मन
प्रभु आभार

कैसे मैं करूँ
तूने इतना दिया
प्रभु आभार

कुछ भी न था
वो था तब भी कहीं
प्रभु आभार

29

हो जाता मन
सुन कर पावन
कृष्ण की बंशी

मधुर धुन
झूमा गोकुल सुन
कृष्ण की बंशी

सखा सखियाँ
मुग्ध सुन गईयां
कृष्ण की बंशी

रास रचाये
गोपियों को रिझाये
कृष्ण की बंशी

राधा पुकारे
यमुना के किनारे
कृष्ण की वंशी

बजती जब
वन में मधुवन
कृष्ण की बंशी

30

पालनहारी
शक्तिभूता सृष्टि की
जय माता की

शक्तिदायिनी
देवताओं को वही
जय माता की

माँ को पसंद
मन से बोले मन्त्र
जय माता की

एक ही मंत्र
दूर हों कई कष्ट
जय माता की

माँ से विनती
भरे झोली सबकी
जय माता की

प्रेम से बोले
वो कृपा बरसाती
जय माता की

31

खाली मटकी
कान्हा कान्हा का शोर
माखनचोर

गयीं गोपियाँ
यशोदा तेरा लाल
माखनचोर

बोलीं यशोदा
कैसे इतना छोटा
माखनचोर

मैं ना मइया
बोल उठे कन्हैया
माखनचोर

नन्हां बालक
हो कैसे चुराकर
माखनचोर

मुंह पे लगा
देख जानीं यशोदा
माखनचोर

चराया गैया
पर हुआ कन्हैया
माखनचोर

सबकी नैया
खेनेवाला कन्हैया
माखनचोर

किसी का जोर
ना चलता जिस पे
माखनचोर

चोरी भी किया
तो आनंद ही दिया
माखनचोर

चुरा के चित
हो गया चितचोर
माखनचोर

32

जीवन सजे
संसार में सबका
राम को भजे

कदम चूमे
जीवन का आनंद
राम को भजे

बिगुल बजे
विजय का पापों पे
राम को भजे

होते हैं सोचे
सफल मनोरथ
राम को भजे

काल के पंजे
कोसों दूर हो जाते
राम को भजे

सुख से रखे
राम सभी जन को
राम को भजे

33

माँ मैं अज्ञानी
तू पथ प्रकाशिनि
प्रबुद्ध कर

कुमति हर
धवल वस्त्र धर
वीणा ले कर

वीणावादिनी
बन के कृपा झर
मूढ़ता हर

विद्यादायिनी
विद्वान हमें कर
ज्ञान देकर

तमहारिणी
उर तिमिर हर
विद्वता भर

माँ सरस्वती
मेरे हृदय में आ
निवास कर

34

हंसवाहिनी
भर तू स्वाभिमान
जगा दे ज्ञान

भुवनेश्वरी
तू सृष्टि संवारती
तारो संसार

करती पूरी
दुर्गा की उपासना
मनोकामना

माँ भगवती
सबसे बलवती
रक्षा करना

लक्ष्मी की भक्ति
वैभव सृजन की
देती है शक्ति

लक्ष्मी दें भर
सुख व संपत्ति से
सबका घर

35

होती जिसपे
होते काम निर्विघ्न
गणेश कृपा

भक्ति पाकर
भरते लम्बोदर
भक्तों का घर

लेने से बस
गणपति का नाम
सफल काम

कष्ट भगाय
ॐ नमः शिवाय
मंत्र उद्घोष

भक्तों को रंगा
रिमझिम सावन
शिव के रंग

भांग धतूरा
कर देते बेहोश
शिव का भोग

36

जटा में गंगा
बदन पे भभूति
शिव की माया

हो गया स्वाहा
स्वयं ही भष्मासुर
शिव की माया

कहे कुंआरी
जय शिव शंकर
सुन्दर वर

प्रेम से बोले
जो जय बम भोले
पूर्ण कामना

शिव रक्षक
शिव ही संहारक
रक्षा करना

देवों के देव
जग का महादेव
करें कल्याण

37

बल के धाम
कपीश हनुमान
मन में राम

जग में सूत्र
शक्ति भक्ति गुणों के
पवन पुत्र

मिलता लगा
हनुमान का ध्यान
बल व ज्ञान

देती है शक्ति
हनुमान की भक्ति
भय से मुक्ति

करके पाठ
हनुमान चालीसा
मिलती सिद्धि

संकट मिटै
जप के हनुमान
होता कल्याण

38

तू बैठा छुपा
आसमान में कहीं
मैं ढूंढूं खुदा

ऊपर बैठा
दुआएं सुन लेता
सबकी खुदा

करना अदा
सुन के फरियाद
दिल की खुदा

खुदा से खुद
खोदा जिसने पाया
खुद में खुदा

खुद पे डंडा
लग जाता है जब
मिलता खुदा

सांसों पे लिखा
बस तेरा ही नाम
ऐ मेरे खुदा

39

जग ये झूठा
तेरा नाम ही सच्चा
गुरुनानक

एक ओंकार
जो मन्त्र का दायक
गुरुनानक

गुरु की वाणी
अपनाया जो प्राणी
खुश नानक

भटका मन
करने को दर्शन
घट नानक

सतगुरु जी
सब शुभ कारक
गुरुनानक

मेहर करो
खड़े द्वार तिहारे
गुरुनानक

40

हो गए धन्य
पड़े कृष्ण के पग
नन्द के घर

बजी बधाई
आया नन्हा कन्हाई
नन्द के घर

गोद में कृष्ण
लिए यशोदा मग्न
नन्द के घर

प्रसन्न नन्द
कान्हा भरा आनंद
नन्द के घर

चारों प्रहर
कान्हा कान्हा की रट
नन्द के घर

मन मोहन
मोहा सबका मन
नन्द के घर

कवि परिचय

साहित्य साधना में संलग्न, काव्य की लगभग सभी विधाओं के रचनाकार, डॉ. सत्यदेव तिवारी कृत साहित्य की ढाई दर्जन से अधिक प्रकाशित पुस्तकें हैं। उनका जन्म उत्तर प्रदेश के गाजीपुर जनपद में हुआ तथा शिक्षा दिल्ली में संपन्न हुई और दिल्ली ही उनकी कर्मभूमि रही। उन्होंने वाणिज्य और प्रबंध में स्नाकोत्तर तथा विधि में स्नातक उपाधि प्राप्त किया तत्पश्चात वे भारत सरकार के एक उपक्रम में प्रबंधकीय पदों पर कार्यरत रहे। श्री तिवारी की कविताएँ अपनी स्पष्ट, विस्तृत शैली और समृद्ध सामग्री के लिए जानी जाती हैं, जो कलात्मक रूप से यादों, भावनाओं और दार्शनिक प्रतिबिंबों को पकड़ती हैं। उनका कार्य अक्सर अध्यात्म, प्रकृति और मानव अनुभव के बीच के अंतरसंबंधों की खोज करता है। हाइकु, मुक्तक, दोहे, चौपाई, गीत इत्यादि जैसे पारंपरिक रूपों को समकालीन संवेदनाओं के साथ मिलाता है। श्री तिवारी ने विश्व की सबसे बड़ी साइट आलपोएट्री पर अंतर्राष्ट्रीय कविता प्रतियोगिताओं में सैकड़ों पदक और सम्माननीय टिप्पणियां तथा कई अन्य संस्थानों से सम्मान प्राप्त किए हैं। एक ही लेखक

द्वारा लिखी गई साहित्य की अधिकतम पुस्तकों को एक साथ विमोचित करने के लिए उनका नाम 'इंडिया बुक ऑफ़ रिकॉर्ड्स' में अंकित है।

अन्य रचनाएँ : हिंदी - हाइकु शास्त्र, कविता तो बोलेगी, क्या सखि साजन, चाँद के गांव, दुनिया गिर गयी, नन्हीं, बोलते मोती, गुनगुनाती हवा, मुहब्बत के मोती, मोतियन की लड़ी, पांच दाने मोती, गीत गुंजन, प्यार का पिंजरा, आशिक अली की होली, बसे विदेश, विदेश की चटनी, इनकी उनकी, राम का वकील, **तेरे नाम के मोती, जी लो बचपन, दिल प्रेम समुन्दर, श्रीदुर्गा कथा, भगवती माई, सखि कह मुकरी, त्रिपदी रामायण, दिल में दिल्ली, हिन्दू धर्म - दर्शन व मंथन, श्रीराम नाम रामायण।**

अंग्रेजी - **द सिंगिंग ब्रीज, बर्ड्स ऑफ़ चांटिंग वर्ड्स, मेलोडीज ऑफ़ द साइलेंट हार्ट** इत्यादि।

संपर्क: फ़ोन - 91-9868924139,

ईमेल sdtiwari1adv@gmail.com

नोट: यह पुस्तक और गाढ़े अक्षरों वाली पुस्तकें अमेजॉन, फ्लिपकार्ट व किंडल पर भी उपलब्ध हैं।

www.ingramcontent.com/pod-product-compliance
Lightning Source LLC
LaVergne TN
LVHW022054200926
848481LV00003B/910
* 9 7 9 8 9 0 5 4 0 2 2 8 9 *